#antes que apaguem

Luiz Philippe de
Orleans e Bragança

#antes que apaguem

Sem desculpas, sem isenção, sem censura... por enquanto

mqnr

Copyright © 2021 por
Luiz Philippe de Orleans e Bragança

Todos os direitos desta publicação reservados à Maquinaria Sankto Editorial.
Este livro segue o Novo Acordo Ortográfico de 1990.

É vedada a reprodução total ou parcial desta obra sem a prévia autorização, salvo como referência de pesquisa ou citação acompanhada da respectiva indicação. A violação dos direitos autorais é crime estabelecido na Lei n.9.610/98 e punido pelo artigo 194 do Código Penal.

Este texto é de responsabilidade do autor e não reflete necessariamente a opinião da Maquinaria Sankto Editorial.

Diretor executivo
Guther Faggion

Diretor de operações
Jardel Nascimento

Diretor Financeiro
Nilson Roberto da Silva

Editora Executiva
Renata Sturm

Editora
Gabriela Castro

Direção de arte
Rafael Bersi, Matheus Costa

Redação
Giuliana Cury

Preparação de texto
Lara Gouvêa

Revisão
Laila Guilherme, Maurício Katayama

Assistente
Ana Maria Menezes

DADOS INTERNACIONAIS DE CATALOGAÇÃO NA PUBLICAÇÃO (CIP)
ANGÉLICA ILACQUA — CRB-8/7057

BRAGANÇA, Luiz Philippe de Orleans e
    Antes que apaguem: Sem desculpas, sem isenção, sem censura… por enquanto / Luiz Philippe de Orleans e Bragança.
    São Paulo : Maquinaria Sankto Editorial, 2021.
    192p.
    ISBN 978-65-88370-07-0
    21-0873
    1. Ciências sociais 2. Brasil – Política e governo 3. Redes sociais
    I. Título
                ÍNDICE PARA CATÁLOGO SISTEMÁTICO:
1. Política: Brasil: Redes sociais.   CDD-320.981

---

maquinaria EDITORIAL

R. Ibituruna, 1095 – Parque Imperial,
São Paulo – SP – CEP: 04302-052
www.mqnr.com.br

Para meu filho, que cresça livre e feliz com a eterna bênção de se expressar como brasileiro.

AGRADECIMENTOS

À Maquinaria, pela ideia que originou este livro. Aos funcionários do meu gabinete de deputado, pela alta qualidade de serviço que me prestaram durante meu mandato. E à Giuliana Cury, pelo entusiasmo de organizar os meus pensamentos para este trabalho.

Sumário

7 Prefácio **11** Introdução
19 Velha política **37** Dinheiro público
51 STF **61** Pandemia **73** Reforma política **93** Reforma tributária
111 Constituição **121** Informação
129 Trump **139** Relações internacionais **151** Globalismo
161 Socialismo **179** E agora?

PREFÁCIO

No final de 2015, fui apresentado ao Luiz por um amigo em comum. O objetivo de nossa reunião na época era tirar do papel o plano de lançar seu primeiro livro, *Por que o Brasil é um país atrasado?*, resultado de anos de estudo, pesquisa e preparação. Fui informado pelo meu colega e coeditor de que se tratava de um membro da família imperial do Brasil, descendente direto de D. Pedro II.

Confesso que estava um tanto cético. A partir daquela reunião, no entanto, o projeto de seu livro foi alçado ao topo da minha lista de prioridades. Primeiro, porque o manuscrito era uma análise cuidadosamente elaborada, bem escrita e, principalmente, acessível. Segundo, porque o Luiz era um ativista político preparado, ao contrário da quase totalidade do que se vê por aí – independentemente do campo ideológico. Terceiro, sua obra fora desprezada por diversas editoras. Desde então, estamos a caminho da cifra de 50 mil exemplares vendidos.

Luiz faz parte de uma geração de políticos – eleito deputado federal em 2018 – ligada ao movimento das mídias sociais para o campo da política. Curiosamente, em todo o mundo, os conservadores foram pioneiros no uso político desse ambiente, participando ativamente no impeachment da Dilma Rousseff, na afirmação do *Brexit*, nas eleições de Donald Trump e de Jair Bolsonaro. De 50 mil seguidores no Facebook, em 2015, Luiz saltou para uma audiência que supera hoje 1,5 milhão de pessoas, somando o Instagram e o Twitter. Este último virou o canal da sua preferência. Aplicativo e usuário compartilham o mesmo senso prático e direto. Sem sombra de dúvidas, é a sua forma preferida de estar em contato com o público. Ele lança em poucos caracteres cotidianamente suas opiniões, críticas, apoios e insights sobre o Brasil, a política e a economia. É também a rede social que administra sozinho, sem o auxílio de assessores e especialistas.

Ao longo de doze capítulos subdivididos em doze grandes temas centrais, autor e editores partiram de uma análise de quase 3 mil postagens. Velha política, dinheiro público, STF [Supremo Tribunal Federal], pandemia, reforma política, reforma tributária, Constituição, informação, Trump, relações internacionais, globalismo e socialismo. Resultado: mais de 300 tuítes cuidadosamente selecionados e organizados cronologicamente. Ao fim de cada capítulo, Luiz faz uma análise de cada tema central, contextualizando e fundamentando suas postagens.

Embora desde o início a intenção fosse claramente fazer um registro de textos fragmentados e criar, a partir daí, uma unidade do seu pensamento, deparamo-nos com um efeito colateral: a perspectiva. A experiência de leitura em nada se assemelha à vida diária das mídias sociais. É comparável a ler o Twitter em câmera lenta, sem a concorrência de milhões de outras mensagens, da publicidade excessiva, isolado do caos e com tempo saudável de digestão.

Luiz tem uma característica muito distinta entre todos os seus pares políticos: o poder de concisão. Quando agrupamos os tuítes, imprimindo a eles lógica coesa e concisa, vemos formar-se um arcabouço teórico que emana de uma racionalidade incomum nos dias de hoje. Humor, ironia e sarcasmo vão se fundindo ao seu usual estilo formal, sempre polido e fundamentado no bom senso, compondo um estilo literário específico e de difícil classificação. O que se fez aqui deve ter alguma influência nos tempos vindouros. Não seria de espantar que inaugure alguma tendência.

E a ideia de compilar seus principais tuítes surge em um momento crítico nas relações das *Big Techs* com a política:

> **10 JAN 2021** Quanto ao cancelamento de contas no Twitter por razões políticas, não sei dizer por quanto mais tempo serei bem-vindo neste canal. Talvez eu deva publicar um livro com alguns tuítes só para registro da época em que eu achava que era.
>
> 💬 515   🔁 2,1 mil   ♡ 18,8 mil

Trata-se, certamente, de um registro para as gerações futuras. Ainda não se sabe a extensão do novo papel de censores da sociedade adotado pelas gigantes da tecnologia. Vemos a qualquer hora atualizações nas políticas de privacidade e termos de uso que acompanham uma agenda de interesses privados. Parece legítimo, uma vez que nós, usuários, entregamos voluntariamente esse poder a essas corporações. Ninguém nos obrigou a concordar. Democraticamente, você tem a opção de virar um ermitão tecnológico, um pária digital e, assim, resumir-se a uma existência analógica.

Empresas não têm nada a ver com democracia. Isto é, *Big Techs* não são democráticas. Seria mais correto dizer que seu caráter é despótico. Pode até haver um *board*, boas intenções, gestão colaborativa, organograma horizontal e qualquer outra tentativa de criar uma cortina de fumaça sobre a verdade. Ao fim do dia, predomina a vontade do proprietário ou do conjunto de interesses por ele representado, bem como de corporações que detêm o poder majoritário.

Por fim, apresentamos aos leitores este livro-manifesto pela liberdade de expressão nas mídias sociais. E essa premissa universal defendida aqui não tem cor ideológica, é do interesse de todos, esquerda ou direita. Nunca se sabe quando as suas ideias, opiniões e crenças estarão em risco.

GUTHER FAGGION,
Editor de *Por que o Brasil é um país atrasado?*

INTRODUÇÃO

O fim de 2020 e o início de 2021 serão lembrados, no futuro, como o período do cancelamento. Vivemos uma espécie de caça às bruxas ou Inquisição do século XXI. Em um curto período de tempo, presenciamos uma série de bloqueios, cancelamentos e até moderação de conteúdo sem redes sociais como Twitter, Facebook e Instagram. A liberdade de expressar ideias e opiniões está sob ataque.

E o movimento em prol da censura está só começando, apesar de já ter avançado muito em relação à liberdade de expressão restabelecida no mundo após a Guerra Fria. É inevitável que minha geração veja a rápida transformação dos meios de comunicação em sistemas de controle e tenha nostalgia desse momento atual. Ou seja, estamos em transição para algo pior. A próxima geração não saberá dizer a diferença entre a liberdade e a manipulação do mundo on-line, pois já nascerá sob as novas condições e códigos e aceitará tudo isso como normal.

Esse avanço é diretamente proporcional a alguns fatores. O primeiro é que a onda de digitalização das comunicações e das relações interpessoais não parou e não parece que vai parar. Esse movimento vem em uma crescente vertiginosa e constante desde a criação dos primeiros sistemas de e-mail, no início dos anos 1990, e da interligação de bancos de dados em rede, que hoje se denomina "internet" ou "web".

O segundo fator é que as pessoas querem essas novas tecnologias e interconexões. A comunicação é uma extensão natural da condição humana. Caso fosse algo antinatural, já teria atingido seu limite há algumas décadas. A tecnologia tem a capacidade de romper com todos os empecilhos físicos da comunicação, como distância, rapidez, linguagem etc. E ainda existem vários deles a serem rompidos antes que o ser humano se satisfaça.

O terceiro fator é o crescimento do poder e da riqueza das grandes empresas apátridas de tecnologia, as *Big Techs*. A primeira metade do século XX foi o período que mais matou o ser humano na história, e a segunda metade foi o que mais o enriqueceu. Com a relativa paz e a globalização após a Segunda Guerra Mundial, hoje, no início do século XXI, os mercados são mais integrados, o público consumidor e produtor é mundial e o capital não está mais limitado ao seu país de origem ou setor da economia.

Portanto, a capacidade de geração de riqueza se tornou extensa. E os primeiros segmentos da economia a se tornarem integrados foram o setor financeiro e as mídias, ambos firmemente ancorados na tecnologia. Mas a geração de riqueza em si não é um fator. O que torna grandes grupos econômicos problemáticos é sua vontade de controlar governos, ou agir contra eles, na constante tentativa de monitorar melhor seus resultados. Investidores e empresas sem pátria são os grandes financiadores da subversão de governos legítimos que não querem se alinhar a suas pautas. E seu poder está só crescendo.

O quarto fator é a expansão das pautas de política de identidade e do globalismo. Ambas de origem em pensadores marxistas. Alguns exemplos? Os temas de política de identidade envolvem assuntos como gênero, status, origem, raça, e as pautas globalistas tratam de tópicos como clima, imigração, saúde, uso de recursos naturais, emprego, industrialização, urbanismo e controle populacional.

A política de identidade é um método de desestabilização de sociedades, governos e constituições, criando a percepção de que esses não são capazes de representar suas "classes". Coloca as idiossincrasias pessoais ou de classe acima de qualquer outra regra comum, fragilizando a história e a identidade nacional. O globalismo, por sua vez, desestabiliza os governos por fora do contexto nacional, criando e alimentando narrativas de crises "globais" com o objetivo de demonstrar como governos não são capazes de atender a essas pautas no âmbito internacional enquanto Estados autônomos independentes.

Na minha análise, o objetivo final das políticas de identidade, assim como do globalismo, é a criação de um governo global no controle dos meios de produção e de comportamento. No momento em que esta obra está sendo escrita, tanto a política de identidade quanto o globalismo seguem crescendo sem oposição estrutural, senão a de alguns movimentos e líderes nacionais.

O quinto fator é a síntese dos outros quatro. O ímpeto de criação de um governo global nasceu ao final da Primeira Grande Guerra e, desde então, ganhou aliados poderosos no grande capital global, que desejam ter comando e controle de resultados e regras homogêneas. O fascismo, o socialismo e o comunismo foram formas totalitárias de comando integral dos meios de produção, seja por tributação, por regulamentação ou por expropriação. Mas também foram regimes de controle social intenso, o que envolve controle de comportamento e limitação de escolhas. Com o fracasso desses regimes no nível das nações, encontraram campo livre no âmbito global. É somente agora, no início do século XXI, que muitos passam a compreender e aceitar sua influência. Muitos desavisados, entretanto, não acreditam na mera existência de tal realidade.

Ainda no século XVIII, Immanuel Kant define no campo do pensamento ocidental, em sua obra *A paz perpétua*, alguns contornos para o funcionamento de uma sociedade homogênea e estável: "Ora, como se avançou tanto no estabelecimento de uma comunidade (mais ou menos estreita) entre os povos da Terra que a violação do direito num lugar da Terra se sente em todos os outros, a ideia de um direito cosmopolita não é nenhuma representação fantástica e extravagante do direito, mas um complemento necessário de código não escrito, tanto do direito político como do direito das gentes, num direito público da humanidade em geral e, assim, um complemento da paz perpétua, em cuja contínua aproximação é possível encontrar-se só sob esta condição".*

---

* A paz perpétua e outros opúsculos, Trad. Artur Morão, Lisboa, Ed. 70, 1992.

Uma vez que para Kant a instauração da paz depende da vontade política, pois não é um estado natural das sociedades, ele entende que todo acordo de paz traz uma premência de guerra futura, e para isso propõe um regime federalista, pois apenas com as divergências controladas se estabeleceria um direito universal legítimo. O Estado, nesse contexto balizado pela razão, fortalece o federalismo apenas como contraponto a uma situação que poderia gerar embates e instabilidade, colocando a própria existência do Estado em risco.

Mas por que um governo global aplicará a censura? Não há possibilidade de poder global sem ela? Não. Lembre-se de que os países já estão integrados em redes de informação, de comércio e de sistemas financeiros. Há, também, ampla conformidade de sistemas legais e menos enclaves políticos com regimes ditatoriais do que jamais tivemos.

Ao contrário da realidade que existiu na criação da Liga das Nações, no início do século XX, agora, já no século XXI, o conceito de nação-estado se encontra fragilizado. Portanto, o governo global não tem como inimigos os países e seus governos, mas as sociedades. As sociedades é que serão resistentes ao perceberem que muitas das pautas defendidas pelos seus governos são nocivas a elas e não lhes pertencem. Para se ter um governo global, há de haver uma sociedade que o apoie. É por isso que a próxima homogeneização é social – e comandar o comportamento é instrumento fundamental no front de engenharia social global. A censura é mero instrumento desse processo, mas é fundamental em dois estágios: primeiro, para fragilizar as resistências e, segundo, para se atingir a conformação de rebanho. No processo de criação do governo central, a divergência de opinião, assim como todo nacionalismo, será cada vez menos tolerada.

Em suma, percebe-se como o grande capital internacional, assim como as *Big Techs*, será aliado desse movimento centralizador. Mas, como mencionado, o ser humano também é participante desse movimento. Somos nosso próprio inimigo no processo, alimentando o grande capital e as *Big Techs*. Como em todo movimento político, dentro do bem existe o mal, e vice-versa. Assim como, para cada ação crescente, há uma reação crescente.

Foi como uma espécie de ato de resistência à censura e a essa atual política de cancelamento que resolvi publicar este livro, uma coletânea dos meus tuítes. Selecionamos as frases por importância, relevância e popularidade e as organizamos em torno de temas de artigos que eu já havia publicado em meu website ou em outros canais de mídia social. Também publicamos aqui os artigos para nos aprofundarmos melhor nos temas dos tuítes – em alguns deles demos contexto e, em outros, aprofundamento no debate publicando os artigos conjuntamente. Sobre os tuítes, imagino que alguns reflitam a verdade comum e aceita, outros podem parecer premonitórios, enquanto os demais refletem somente minha opinião. Cada um fará sua avaliação durante a leitura. As razões que me levam a publicar este livro derivam da vontade de manter um registro de pensamentos aleatórios que tive sobre a nossa política e nosso tempo, mas também para lembrar que os meios de informação tradicionais e menos dinâmicos, o livro sendo um deles, ainda estarão presentes. E várias revoluções e contrarrevoluções do passado dependeram exclusivamente de um livro para serem lembradas.

1

VELHA POLÍTICA

A velha política trava o Brasil

Eleitoralmente, o centro depende de acordos partidários, máquina pública, grupos de interesses e grande mídia. O centro nunca vai mudar o Brasil, e só se viabiliza sufocando opções que mudam.

14 DEZ 2020 O Marco Legal das Startups, aprovado na Câmara, é importante pois age contra um problema maior: a livre iniciativa no Brasil só é "livre" quando permitida pela burocracia. Sempre coerentes, PT [Partido dos Trabalhadores], PSOL [Partido Socialismo e Liberdade] e PCdoB [Partido Comunista do Brasil] foram contra permitir essa frágil liberdade.

> **Entenda:** O excesso de legislação impede o empreendedor de fazer o básico: empreender, e o Marco Legal veio para ajudar com essa missão. O projeto oferece mais segurança jurídica a empreendedores e investidores contra os excessos.

30 NOV 2020 De acordo com a mídia, candidatos de "centro-direita" venceram nas eleições municipais. Será que essa suposta "direita" defende a família, a redução de gastos e de impostos, o patrimônio histórico, a livre iniciativa e a luta contra a corrupção? Espero que sim, mas...

> **23 ABR 2020** Mais importante que eleger seu deputado favorito é não reforçar partidos da velha política, sem compromisso com reformas. Líderes de partido dominam suas bancadas e determinam as pautas de votação. Busque candidatos e partidos explicitamente compromissados com reformas.
>
> 💬 834   🔁 4,9 mil   ♡ 18,5 mil

9 ABR 2020 Ontem impedimos que o Centrão e a oposição transformassem o plano de equilíbrio fiscal para estados e municípios do Mansueto (PL 149/19) em um trem da alegria para governadores e prefeitos que têm medo de cortar gastos em ano eleitoral. Hoje tem mais.

> **Entenda:** O texto original do Projeto de Lei (PL) 149/19 foi elaborado pelo secretário do Tesouro Nacional, Mansueto Almeida, e estipulava condições para refinanciamento das dívidas de estados e municípios com a União.

> **26 FEV 2020** O centro só se tornará uma opção sensata quando não houver crise das instituições políticas e econômicas. O que não é o caso atualmente. E, para acabar com a atual crise, o centro precisa deixar de ser parte da causa.
>
> 💬 293   🔁 2,1 mil   ♡ 11,5 mil

18 FEV 2020 Não existe movimento de "centro" com raiz capaz de mobilizar a sociedade. Eleitoralmente, o centro depende de acordos partidários, máquina pública, grupos de interesse e grande mídia. O centro nunca vai mudar o Brasil e só se viabiliza sufocando opções que mudam.

3 JAN 2020 O Brasil não poderia efetuar uma operação contra o terrorismo internacional, como acabou de ser feita pelos EUA. Além de muitos acharem que terrorista é herói, nem se quiséssemos nos proteger de ameaças declaradas, somos "não intervencionistas". Nossa arma é o bate-papo.

> **Entenda:** Os Estados Unidos coordenaram um ataque ao aeroporto de Bagdá, no Iraque, que resultou na morte do terrorista Qasem Soleimani, o chefe da Força Revolucionária da Guarda Quds do Irã, considerado um dos homens mais importantes do país. O Brasil tem limitações legais contra esse tipo de ação, o que diminui a nossa capacidade de defesa.

22 DEZ 2019 Alguém já questionou como é feito o orçamento para o fundo eleitoral? É 30% do valor destinado às emendas parlamentares. Ou seja, quanto mais o parlamentar tem para gastar em emendas, mais ele terá para gastar na sua próxima eleição.

> **Entenda:** Os fundos que regem saúde, educação, Previdência e auxílios são desviados para compra de votos, enriquecimento ilícito e esquemas de perpetuação no poder.

4 DEZ 2019 Não há nada a comemorar sobre o pacote anticrime aprovado hoje na Câmara. Chamou a atenção a inovação pioneira de criação de um "juiz de garantias" para acompanhar o processo: vulgo um juiz paralelo servidor de pizza capaz de melar tudo. Criminosos e esquerdistas vibraram.

> **Entenda:** Os processos penais do pacote anticrime são acompanhados por dois juízes, um responsável pela parte investigativa e outro por apuração e sentenças. Além de dar mais chances de liberdade ao criminoso, o projeto infere que apenas um juiz é incapaz, então precisamos de dois.

4 DEZ 2019 Se não revertermos algumas medidas aprovadas em 2019, os bilhões de fundo partidário e fundo eleitoral garantirão o comando de todo o sistema político aos vários caciques citados na Lava Jato.

> **Entenda:** Em 2019, aprovamos mais recursos para o fundo partidário e eleitoral. Aprovamos também o uso mais livre desses recursos e demos mais liberdade para os partidos se organizarem. Os partidos se tornaram destino certo para desvios facilitados.

3 DEZ 2019 Apesar da ampla mobilização dos ativistas, até agora não há nada em pauta para a votação sobre condenação em segunda instância nas próximas duas semanas. O fingimento de interesse sobre esse tema, por parte das lideranças partidárias, já atinge níveis hollywoodianos.

> **Entenda:** Na condenação em segunda instância, o réu pode ser sentenciado a iniciar o cumprimento da pena logo após a decisão judicial de segunda instância, mesmo que haja recursos pendentes em instâncias superiores.

15 NOV 2019 Quando a data de hoje [Proclamação da República] pesar na consciência nacional, será o dia em que teremos o que comemorar.

> **Entenda:** A república foi proclamada por um grupo militar, sem mobilização ou apoio popular. O 15 de Novembro é a celebração de um golpe de Estado.

24 OUT 2019 Partidos com dono são contra transparência, auditorias, candidaturas independentes e voto facultativo. Sequer permitem discutir esses temas. Mas adoram recursos públicos cada vez maiores e sem restrições. Não são parte da sociedade, pois acham que parte da sociedade é deles.

💬 216   🔁 3,3 mil   ♡ 12,4 mil

19 SET 2019 Com a Câmara fragmentada em vários partidos, a competição será intensa. Podemos esperar que todo ano os partidos exigirão mais recursos públicos. Se considerarmos que o cacicado tem o reino absoluto de como usá-los, temos a medida mais irresponsável colocada em pauta esse ano.

> **Entenda:** Com a eleição em 2018 para a presidência e o Congresso (deputados e senadores), houve uma fragmentação de partidos: a partir de 2019, a Câmara passou a contar com trinta partidos, contra os 25 do ano anterior. O Senado passou a ter três novas siglas.

17 SET 2019 Esse ano, os partidos garantiram que o TSE [Tribunal Superior Eleitoral] não vai se intrometer na organização partidária. Votaram por mais recursos públicos e por mais liberdade para gastar como bem entenderem. Isso não é fortalecer partido, isso é colocar todo o sistema político à mercê do cacicado.

> **Entenda:** O período marca o início do governo de Jair Bolsonaro e do novo Congresso. Os partidos tradicionais aproveitaram a fragmentação da base do governo para acelerar suas agendas.

31 AGO 2019 Após a reunião duas semanas atrás, os deputados federais do PSL [Partido Social Liberal] rejeitaram aumento do fundo partidário caso fosse proposto. Quem defende financiamento público de campanha está em paz em ver esse fundo aumentar em toda eleição. Eu, não.

> **Entenda:** No dia 28 de agosto de 2019, deputados federais e senadores votaram projeto que destina verbas ao fundo eleitoral.

15 AGO 2019 Oposição e Centrão em festa depois de aprovarem lei contra "abuso de autoridade", que prejudica a eficácia de bons juízes, policiais e procuradores. Os maus políticos, burocratas e bandidos em geral ganharam brechas para a impunidade.

> **Entenda:** O PL 7.596/17 do dia 14 de agosto aprovado na Câmara aponta 45 condutas que poderão ser punidas com até quatro anos de detenção, multa e indenização à pessoa afetada. Entre elas, promover escuta ou quebrar segredo de Justiça sem autorização judicial.

22 JUL 2019 Centenas de candidatos querem concorrer contra o Donald Trump em 2020. Prévias partidárias garantem transparência na escolha e há candidaturas independentes. No Brasil, a maioria dos partidos escolhe candidatos via processos obscuros e os caciques proíbem candidaturas independentes.

30 JUN 2019 Oposição e Centrão são competentes no Congresso para agir contra o bom senso e contra o combate à corrupção, mas, nas ruas, são incapazes de convencer o cidadão consciente a ser a favor de seus planos.

6 JUN 2019 O regimento interno da Câmara, que rege as votações, é ruim. Isso não é novidade. A novidade é que a população não quer mais pagar para deputado viajar até Brasília só para apertar botão.

> **4 JUN 2019** A articulação de deputados para eleições municipais já começou. Há milhares de cargos e centenas de bilhões de reais de orçamentos em questão. Isso interessa à velha política, pois garante sobrevivência mesmo quando a opinião pública é contrária a eles e ao próprio jogo.
>
> 💬 305   🔁 2,6 mil   ♡ 16,2 mil

22 MAI 2019 O Sérgio Moro perdeu o Coaf [Conselho de Controle de Atividades Financeiras] por 228 a 210. Isso significa que vários deputados do Centrão não seguiram cegamente seus líderes. O Centrão ganhou, mas perdeu.

> **Entenda:** A percepção era de que Moro, com o comando do Coaf, agiria mais rápido para combater a corrupção. O resultado da votação mostra exatamente isso, mesmo que a votação tenha assegurado uma vitória apertada aos caciques.

21 MAI 2019 Dia 26/5 [dia da manifestação a favor do governo de Jair Messias Bolsonaro] é dia para exercer o seu voto de confiança. Se você confia no Centrão para combater a corrupção, aumentar a segurança e promover crescimento econômico, fique em casa. Eu vou para a rua.

---

18 MAI 2019 Se Rodrigo Maia e o Centrão querem ser governo, acho adequado mídia e sociedade cobrarem deles tudo. Qual é o plano deles para estabilização fiscal? Para empregos? Para reduzir burocracia? Para segurança? Para combate à corrupção? Sabemos as respostas e votamos contra nas eleições passadas.

💬 1,5 mil   🔁 8,9 mil   ♡ 31,7 mil

---

10 MAI 2019 O Centrão tem plano de matar a Lava Jato e a oposição tem plano de derrubar o governo. Nenhum desses grupos tem plano de governo.

> **Entenda:** Em 2019, o Centrão estava focado em remover o Coaf do ministro da Justiça, adulterar o projeto de combate à corrupção do ministro Moro e não votar pelo fim do foro privilegiado e prisão em segunda instância.

2 MAI 2019 Partidos do Centrão abrigam velhas lideranças, mas perderam eleitores. Mesmo assim, alguns conseguiram eleger parlamentares novatos. Partidos com novatos tendem a ser favoráveis às reformas, e os demais parecem ser taperas das velhas lideranças.

> 28 ABR 2019 Quem foi o melhor presidente que o Brasil já teve e melhorou a condição de vida de milhões de brasileiros? De maneira sustentável, nenhum. De maneira irresponsável, vários.
>
> 💬 545   🔁 2,5 mil   ♡ 16,8 mil

14 ABR 2019 Amanhã tem mais uma etapa de votação na [Comissão de Constituição, Justiça e Cidadania do Senado Federal do Brasil] CCJ sobre Previdência. Os governistas estão preparados para debater a proposta, mas a oposição sabe que cada dia de obstrução equivale a uma semana de atraso no processo. Para a oposição, obstruir votação vale mais do que debater mérito.

> 21 MAR 2019 A velha política quer fazer o que a velha política faz: trocas. Não votar pacote anticorrupção do Sérgio Moro e acabar com a Lava Jato em troca de votos para a reforma da Previdência (sem garantias, diga-se de passagem)... Que as prisões continuem.
>
> 💬 835   🔁 5,8 mil   ♡ 22,9 mil

11 JAN 2019 Mesmo que por mérito, nomeações para agências e estatais sempre geram intrigas e expõem quem nomeou a

todos os erros futuros do nomeado. A extinção de agências, a privatização de estatais e a profissionalização do processo seletivo trariam mais tranquilidade. Para todos.

6 JAN 2019 Temos 4 anos para desmantelar sistemas que promovem tirania de Estado. Ou seja, temos pouco tempo para garantir que futuros governos e suas políticas sejam temporários. No arranjo atual, ficamos dependentes de ativistas, heróis e pressão de bastidores para que isso ocorra.

> **Entenda:**
> O período se refere aos primeiros quatro anos de mandato de Jair Bolsonaro.

6 JAN 2019 Existe divisão no país? Sim, centenas de milhares de pessoas nos meios de comunicação, meios acadêmicos e na burocracia são contra milhões de brasileiros que pagam por esses sistemas.

💬 311   🔁 4,3 mil   ♡ 19,5 mil

13 DEZ 2018 Qual minha opinião depois de passar 3 dias em Brasília? Construíram prédios públicos monumentais em Brasília para centralizar o poder. Infelizmente, a desorganização e a ineficiência de cada um deles também são monumentais. Hoje temos centralização de poder na desordem.

19 NOV 2018 Um desafio do novo governo deve ser encontrar mão de obra qualificada: gente que conheça a máquina sem ser da velha política, seja idônea sem ser ingênua e reformista sem ser medrosa. Gente da velha política, corrupta e medrosa, é o que mais tem.

1º NOV 2018 A expectativa com Sérgio Moro no Ministério da Justiça não poderia ser mais positiva. O brasileiro pede limpeza impiedosa contra corrupção até o restabelecimento da justiça. Sérgio Moro é o cara para isso. Bravo!

25 OUT 2018 A esquerda radical conseguiu proezas para estar na disputa presidencial mesmo sem qualquer legitimidade de seu candidato. Só com muito aparelhamento, organização e mentiras se consegue isso. Subestimar o impacto disso nessa reta final é um grande erro.

12 OUT 2018 Muitos se espantam com a mudança nas cores da campanha de Fernando Haddad, já que o PT usa o vermelho desde 1989 em suas campanhas. A mudança é uma tentativa de ocultar aquilo que Fernando Haddad representa: o socialismo gerador do maior escândalo de corrupção e a maior crise econômica da história.

> **9 OUT 2018** Plano do Fernando Haddad é alterar a Constituição via emenda. Só que eles já fazem isso há 30 anos. O resultado é o texto remendado que temos hoje, que privilegia todas as classes sociais possíveis, mas não defende o cidadão.
>
> 💬 138   🔁 3,9 mil   ♡ 14,5 mil

27 SET 2018 Justiça libera que Fernando Haddad use o logo "Haddad é Lula". Mídia veicula que tesoureiro da campanha de Haddad é acusado de caixa dois e sua campanha está sendo investigada em pelo menos cinco estados. Realmente Haddad é Lula.

> **Entenda:** Fernando Haddad, apesar de ter um nome inexpressivo fora de São Paulo, conquistou abrangência popular vinculando seu nome e sua imagem ao ex-presidente Lula, que estava preso por corrupção. Várias publicações apontavam Francisco Macena, tesoureiro da campanha de Haddad, como investigado pelo Ministério Público Eleitoral.

22 AGO 2018 Não me choco em ver presidiário nas recentes pesquisas de intenção de voto. Quando Calígula nomeou seu cavalo como senador, expôs o sistema de governo de Roma ao escárnio. Naquele momento, o malvado não foi Calígula, mas sim o sistema, que permitiu a luxúria.

> **Entenda:** O ex-presidente Lula foi cotado como intenção de voto por parte da população.

17 AGO 2018 ONU [Organização das Nações Unidas] querendo ver presidiário candidato a presidente no nosso país esclarece ao nosso eleitor idôneo qual é o desafio a ser enfrentado na nossa geração.

> **Entenda:** O ex-presidente Lula estava preso, e cogitavam sua candidatura.

11 AGO 2018 Democracia de massa não tem forma nem raiz. É controlada pelo sistema. O político profissional é a ferramenta. Ele absorve opinião pública, mas a neutraliza com narrativas conhecidas. A ruptura começa quando o eleitorado percebe todo o sistema.

7 AGO 2018 Progressistas consideram incluir minorias no poder político como sendo um avanço. Por isso acho que não irão se incomodar de incluir conservadores, liberais, ex-militares e monarquistas nessa eleição. Essas "minorias" foram marginalizadas do poder político por muito tempo. :-)

Qual é o futuro dos movimentos liberais e conservadores?

A primeira questão que tem sido levantada nos diversos grupos é se o governo Bolsonaro tem mudado sua base de apoio parlamentar. A resposta é *sim*. Antes firmado em amplo apoio da população e dos deputados conservadores, Jair Messias Bolsonaro agora busca amplo diálogo com diversos partidos, sobretudo os do chamado "Centrão". Diante de um cenário de crise institucional, não faz sentido que ele dependa politicamente de apenas 10% dos deputados na Câmara, pois, para garantir governabilidade, o presidente não conta com ampla maioria, como sempre acontece no sistema de voto proporcional. Mesmo na era PT, que teve a maior base de apoio nos últimos quarenta anos, apenas noventa dos 513 deputados estavam a favor do Executivo.

A governabilidade é sempre um problema de dinâmica do próprio sistema, e, independentemente do presidente em exercício, sempre haverá potencial para conspiração.

Diante da perspectiva de aproximação do presidente a parlamentares de outros partidos, a população pode se preocupar com a volta de um status quo de corrupção e até mesmo se frustrar. Mas é necessário entender o risco até de perda de mandato por meio de um impeachment, que poderia ser pautado e que, ao que parece, está momentaneamente afastado. Esse foi um dos pontos positivos no fim da queda de braço que se configurou com a aproximação com o "Centrão". Outros pontos foram as medidas provisórias que estavam paradas e começaram a ser pautadas e votadas, bem como a agenda do Executivo para a economia, que corre lateralmente às pautas ideológicas, mais polêmicas. Há muita probabilidade de aprovação de reformas tributárias e mesmo administrativas, consideradas paralelas ao discurso presidencial.

Por outro lado, o ponto negativo é que o risco da volta da corrupção e a eventual quebra de promessas de campanha decorrentes da aproximação com o "Centrão" podem redirecionar parte da base popular para a busca por outras lideranças. Entretanto, tal aproximação tem um limite, pois é pouco provável que os deputados do "Centrão" abracem em plenitude reformas estruturais e se disponham a eliminar burocracia e excesso de regulamentação, por exemplo.

Também em virtude de uma mentalidade fisiológica e enraizada no atual modelo, dificilmente tais deputados aprovariam uma reforma política ampla, com voto distrital, *recall* de mandato e sem fundo eleitoral e partidário. Nenhum deles está disposto a abrir mão de recursos para promover churrascos, imprimir santinhos, pagar cabos eleitorais e distribuir recursos para propaganda. Esse é o modelo que elege a maioria dos deputados do "Centrão".

O grande risco é que o governo sucumba à agenda desses parlamentares, que, enraizados no Poder Executivo, criam uma alavanca para suas próprias agendas.

O apoio popular do governo Bolsonaro está segmentado, e é necessário entender sua extensão e perfil, com maior ou menor adesão, gradativamente:

BOLSONARISTAS: grupo de apoio irrestrito à pessoa de Jair Bolsonaro, independentemente de seus acertos e erros. O número de bolsonaristas cresceu depois de ganhar a presidência.

CONSERVADORES EM GERAL: têm uma visão de governo calcada em valores e não se prendem à figura do presidente. Entendem a necessidade do embate ideológico nos costumes, da guerra velada contra o aparelhamento ideológico do Estado, da frágil soberania nacional e da conquista de ministérios-chave para garantir sua causa. Compõem a maior parte da chamada Direita. Entre vários grupos que se denominam conservadores, há subgrupos expoentes dessa denominação, por exemplo: olavistas, monarquistas (em parte), cristãos (em parte) e intervencionistas.

LIBERAIS: avaliam o governo como instrumento para a reforma do Estado Social e condicionam seu apoio muito mais pela atuação do governo nesse quesito e na área econômica. Frustram-se facilmente quando há distanciamento do governo de promessas de redução do Estado, em específico nos quesitos de desburocratização, redução de impostos e privatização de estatais. Ao mesmo tempo podem ser mais facilmente reconquistados quando o governo demonstra avanços nesses fronts.

LAVAJATISTAS: é uma base ampla de cidadãos que quer ver justiça e combate à corrupção. Engloba todos os segmentos da Direita e alguns da Esquerda. Por isso os lavajatistas não têm uma ideologia econômica comum definida. Possuem uma visão mais limitada dos problemas atuais, entendendo a corrupção mais como causa do que como consequência das diversas deficiências do sistema político e da sociedade. Frustram-se e abandonam apoio ao governo quando ele parece não fazer o suficiente no combate à corrupção no que concerne aos grandes partidos políticos e a seus esquemas com grandes empresas. Também não toleram quando o governo atende a demandas de partidos e políticos investigados na operação Lava Jato.

Esses dois últimos segmentos, liberais e lavajatistas, são provavelmente os que não toleram as medidas de sobrevivência e podem ser a base perdida para o governo Bolsonaro. Devem buscar uma alternativa, provavelmente uma solução utópica que ainda não se apresentou. Os bolsonaristas devem continuar leais ao presidente. Os conservadores que o apoiam também seguirão alinhados, mas tecendo críticas pontuais, o que é saudável, pois, considerando o grau de conspiração a que está sujeito Jair Bolsonaro, este ainda é a melhor opção – uma vez que também está respaldado pelas Forças Armadas, uma oligarquia fundamental e permanente do Estado brasileiro. Fosse outro presidente igualmente conservador nesse jogo de poder, mas sem o apoio das forças de segurança, não teria sobrevivido às investidas do Congresso e agora do STF. Portanto, ele ainda representa a melhor opção para os conservadores em termos políticos.

Essa situação certamente deve gerar desgaste e até mesmo algum abalo na base do presidente. Mas, ao olhar para o futuro em perspectiva, estabelece uma oportunidade para que os movimentos conservadores ganhem fôlego, força e firmeza em seus valores, mais profundidade em suas ideias e, principalmente, surjam novas lideranças. No melhor dos casos, temos de aproveitar as lacunas ideológicas para ocupar os espaços de forma propositiva. Brevemente, teremos eleições, e devem despontar novas cabeças em âmbito local que reflitam o pensamento conservador, nossa maior necessidade neste momento.

(Qual o futuro dos movimentos liberais e conservadores – 20 de julho de 2020.)

2

DINHEIRO PÚBLICO

Follow the money*

Por que há políticos contrários às privatizações? Porque há muitas perdas: perdem cargos para amigos, perdem cabos eleitorais, perdem receitas de suas empresas prestadoras de serviços, perdem recursos desviados e perdem gerações de eleitores induzidos a temer as alternativas.

---

* "Sigam o dinheiro", em inglês. Bordão popularizado pelo filme *All the President's Men* [Todos os homens do presidente], de 1976.

31 OUT 2020 Fundo Partidário e Fundo Eleitoral são as "pequenas" parcelas de recursos legais e visíveis que vazam do erário para tentar manter a relevância de partidos sem as quais não existiriam.

> **Entenda:** "Fundão Eleitoral já transferiu quase R$ 4 bilhões a partidos. Só o PT recebeu mais de R$ 400 milhões". Veja a reportagem completa da *Revista Oeste* acessando o QRCode ao lado.

17 OUT 2020 A maior parte dos cidadãos não sabe que as regras de sua Previdência, de sua educação e de sua saúde são definidas por deputados e senadores que têm o costume de desviar recursos para suas cuecas.

💬 233   🔁 3,2 mil   ♡ 15,6 mil

2 SET 2020 Na prefeitura de São Paulo, [o atual governador] João Doria apoiou um projeto para remover a Cruz de Cristo da bandeira da cidade. Agora no governo do Estado, quer remover referências "Antes de Cristo" e "Depois de Cristo" nas escolas. Em ambos os casos, minimizou seu envolvimento. Opera das sombras e para as sombras.

11 AGO 2020 O Brasil continua firme no punho de oligarquias políticas e econômicas. Podem até aceitar algumas reformas para suavizar sua imagem e se posicionarem a favor da "eficiência", mas jamais aceitarão as reformas que põem em risco sua existência.

31 JUL 2020 Problemas de desvios e corrupção continuam, e nem todos os problemas do passado foram levados à Justiça. Toda melhoria e reforço são bem-vindos, mas enfraquecer, ou mesmo desarticular, operações contra a corrupção, como a Lava Jato, é contrário à necessidade nacional.

💬 256   ↻ 1,2 mil   ♡ 8,2 mil

8 JUL 2020 Num primeiro momento, as polícias cumprem ordens ilegais que violam liberdades dos cidadãos. Num segundo, são usadas de bode expiatório por quem lhes ordenou cometer abusos e, num terceiro, perdem recursos e legitimidade para manter a lei e a ordem.

> **Entenda:** As medidas de *lockdown* durante a pandemia de 2020 testaram uma frágil linha de respeito entre a função dos policiais como aqueles que ajudam a manter a ordem e como ferramenta de opressão do Estado.

7 MAI 2020 Governadores adotaram medidas que geraram fechamento de empresas, desemprego e queda na renda familiar e no consumo. Isso gerou queda na receita tributária dos estados. Estimativas apontam para recessão no ano. Faz sentido governadores quererem aumentar salários de servidores?

> **Entenda:** Medidas de *lockdown* foram tomadas para evitar a contaminação ou a proliferação do coronavírus.

19 ABR 2020 Bilhões em novos recursos federais, poder de fechar contratos sem licitação e sem o ônus de equilíbrio fiscal. Só os governadores e prefeitos "mais honestos do mundo" não cometerão abusos. Cidadãos devem ficar em alerta contra fraude e superfaturamento.

> **Entenda:**
> Refere-se às medidas relacionadas ao combate à Covid-19.

17 ABR 2020 O líder do Senado, atendendo aos socialistas, não quer votar hoje a MP 905 (Carteira Verde-Amarela), deixando-a caducar. Fica óbvio que os cavaleiros defensores do Santo Graal da esquerda trabalhista (CLT [Consolidação das Leis do Trabalho]) não toleram sequer discutir um mero polimento.

> **Entenda:**
> A MP 905 determinava a redução de encargos trabalhistas para fomentar contratações de jovens no mercado de trabalho.

---

7 ABR 2020 Na ciência, fatos são o que convence. Em política, é a forma.

💬 145   🔁 1,4 mil   ♡ 11,3 mil

---

3 ABR 2020 A esquerda retirou emendas sobre corte de custos na máquina pública e de realocação do fundo eleitoral para saúde da votação da PEC [Proposta de Emenda Constitucional] do "Orçamento de Guerra". O argumento foi de que esses temas fogem ao tema da PEC. Para eles, orçamento significa só arrecadar e gastar mais.

2 ABR 2020 O vereador, deputado ou senador que resiste em cortar custos da máquina, mas favorece aumento de impostos, joga contra a população e atesta sua incompetência como gestor. Não espere que ele vá agir diferente se por acaso for eleito a prefeito, governador ou mesmo presidente.

> **13 MAR 2020** Senadores e deputados sempre aplaudem e parabenizam a si próprios quando aumentam os gastos públicos. É popular ser irresponsável.
>
> 💬 580   🔁 4,9 mil   ♡ 23,2 mil

6 FEV 2020 De que forma perseguir o @allantercalivre vai melhorar a reputação do STF? De que forma propor o impeachment do @AbrahamWeint vai melhorar a educação? Sabemos que esses atos não são para melhorar nada, mas sim para evitar as mudanças que a sociedade quer.

> **Entenda:** Deputados e senadores entraram com pedido no Supremo Tribunal Federal para o impeachment do ministro da Educação, Abraham Weintraub. O blogueiro Allan dos Santos, do canal Terça Livre, foi um dos alvos da operação da Polícia Federal que investiga o financiamento de grupos que promovem atos contra a democracia.

17 JAN 2020 O fator mais importante para as eleições desse ano não será tanto quem o presidente apoia, mas sim quais candidatos a prefeito apoiam de fato a missão do presidente. Distribuir apoio vale menos que apoio recebido. Os eleitores saberão identificar os verdadeiros.

18 DEZ 2019 O fundo eleitoral de R$ 2 bi, aprovado ontem por 242 deputados, será utilizado para comprar faixas e santinhos, alugar outdoors, pagar por cabos eleitorais e marqueteiros, impulsionar redes sociais, promover churrascos etc. Se você não reclamar, ano que vem esse fundo aumenta.

> **2 DEZ 2019** Não há dilema ético para político corrupto. O dilema está entre viver humilhado em público ou viver preso. O preço do primeiro ainda é mais baixo que o do segundo. Nada que o mercado ativista não possa ajustar.
>
> 💬 109   🔁 2,1 mil   ♡ 11,3 mil

21 NOV 2019 Toda vez que alguma classe se mobiliza para ocupar Câmara e comissões, o contribuinte sai perdendo. Invariavelmente é para garantir alguma exceção, subsídio ou proteção especial que o cidadão fora da classe nunca terá, mas que certamente pagará.

10 NOV 2019 O criminoso em liberdade age conforme o plano: recém-egresso do cárcere, já distribui apoio a candidatos para eleições municipais 2020. A prioridade não é a vitória ideológica, mas sim voltar a ter acesso a orçamento público para financiar os passos seguintes.

> **Entenda:**
> Refere-se ao ex-presidente Lula, que foi solto da prisão em 8 de novembro de 2019.

28 OUT 2019 Liderança fraca é aquela que depende de construção e parcerias. A de verdade é a que tem raiz popular e é dona do momento político.

> **17 OUT 2019** Os 3 M's: na Câmara, há deputados Miseráveis que, por míseros agrados, vendem sua lealdade. Há deputados Midiáticos, que custam tratamento de "superstar" e preferencial para serem leais. E há os deputados com Missão, cuja lealdade não se compra.
>
> 💬 1,3k   🔁 7,2 mil   ♡ 29,8 mil

1º OUT 2019 O conteúdo das reformas eleitorais votadas pelo Congresso se resume a mais dinheiro público para eleições e condições mais fáceis de uso desse dinheiro. Várias reformas importantes ficaram inatingíveis para as eleições de 2020 só para atender as prioridades ilegítimas.

4 SET 2019 Às vezes, meu partido acha que tem de contemporizar com os demais partidos sobre propostas ruins. Lembro aos colegas negociadores que quem sabe negociar sabe o que é inegociável antes de sentar à mesa.

9 AGO 2019 A sociedade deve ficar abalada vendo políticos, especialmente os mais jovens, defendendo legislação favorável a criminosos, terroristas e presidiários. Mas deveria ficar mais abalada ainda com o fato de que esses malfeitores têm poder político para oferecer.

10 JUN 2019 O vazamento de áudio que criminalizava a [ex-presidente] Dilma Rousseff por obstrução de Justiça foi prontamente descartado no processo de impeachment. O vazamento de mensagens que reafirma o intento de dois agentes da Justiça no combate contra a corrupção é imediatamente relevante.

> **Entenda:** Áudio em que Dilma avisa Lula que vai antecipar o envio de um termo de posse como ministro para que ele o use em caso de necessidade, o que indicaria tentativa de obstruir as investigações contra o ex-presidente.

24 MAR 2019 Alguém já simulou como seria a negociação com quem se corrompe? Na minha opinião, fazer reforma com corruptos no comando do sistema é a mesma coisa que não fazer reforma alguma. Há quem dê preferência para fazer as reformas antes de fazer a limpeza. Eu não sou uma dessas pessoas.

8 FEV 2019 Imagino que os advogados que atualmente são contra o pacote de medidas do [ex-]ministro Moro também serão contra uma lei futura que exija que eles se certifiquem de que recursos de seus clientes, usados para pagá-los, não são provenientes do crime.

> **Entenda:** Pacote apresenta propostas para fortalecer o combate à corrupção, aos crimes violentos e ao crime organizado. Entre as medidas está a prisão após condenação em segunda instância.

28 JUL 2018 Volto a alertar sobre o risco do Centrão para nosso sistema político. Pode demorar décadas para removê-lo. Há paralelos históricos em outros países e no próprio Brasil, e nenhum deles é positivo.

27 JUL 2018 Já fui analista financeiro e sei que interpretar análises políticas não é o forte deles, que são fortes em formar opinião por terem mais acesso a informações que muitos jornalistas. Aos corretores de plantão: muita responsabilidade nesse momento. O Centrão é ruim para o Brasil.

26 JUL 2018 Fui criticado recentemente por alguns jornalistas por ser ultraconservador tradicionalista. Me alegrei com isso, pois até agora só escutei críticas de ser liberal demais por alguns ativistas. Estou em equilíbrio perfeito.

25 JUL 2018 Qual cidadão, em sã consciência e em liberdade de escolha, vai tirar dinheiro do banco para montar uma empresa e ser forçado a empregar quem o governo diz para empregar? Óbvio que nenhum. Esse tipo de cidadão está deixando de ser cidadão do Brasil.

25 JUL 2018 O Brasil descobriu o Centrão em 2005, quando Severino Cavalcanti derrotou o deputado federal Luiz Eduardo Greenhalgh do PT na eleição para presidente da Câmara. A coalizão de partidos nanicos e deputados sem expressão nacional conseguiu derrotar o candidato do governo.

25 JUL 2018 Há partidos que são donos, na palavra dos próprios parlamentares, de ministérios, agências, estatais e autarquias. Precisamos de políticos que atuem de acordo com um ideal e com suas convicções, e é tudo isso que a esquerda e o Centrão não querem e tentarão impedir.

25 JUL 2018 O Centrão e a esquerda permanecem juntos, eles apenas se aliaram a outro espectro da esquerda brasileira. Eles representam o poder pelo poder, e isso é extremamente ruim para a democracia e o desenvolvimento do Brasil como nação.

22 JUL 2018 O Centrão do Brasil é o equivalente ao Punto Fijo da Venezuela e ao PRI [Partido Revolucionário Institucional] do México. É uma ditadura partidária de corrupção imensurável sob o falso pretexto de estabilização. Vou ter de explicar em vídeo.

> **Entenda:** O Pacto do Punto Fijo foi um acordo partidário realizado na Venezuela entre os três grandes partidos do país em 1958. O PRI, que teve vários nomes, governou o país por 71 anos.

21 JUL 2018 Alguns partidos do Centrão querem que seu candidato à presidência se comprometa em oferecer opções para repor o imposto sindical. Optar pelos "moderados" é a escolha mais radical contra os brasileiros.

> **Entenda:** O candidato à presidência era Fernando Haddad e seu plano de governo envolvia, além do imposto sindical, censura de mídia, tornar o STF subsidiário ao Executivo, trabalhar para o unipartidarismo do Brasil e nacionalização de vários setores e da economia.

Gastos públicos e fundo eleitoral: uma verdade inconveniente

A reação dos governos estaduais ao risco de pandemia e crise na saúde foi uma quarentena parcial. Isso gerou uma crise econômica imediata, com perdas de emprego formal e queda na atividade dos autônomos. Seria no mínimo moral e certo que os gastos públicos fossem reduzidos e os recursos para as eleições deste ano redirecionados para a saúde, certo? Claro que sim, mas, se depender dos representantes federais, uma distorção antiga na nossa conjuntura política pode tornar isso muito mais difícil do que é moralmente aceito como correto. Explico.

O Norte e o Nordeste têm sete e nove estados respectivamente, dezesseis estados ao todo. Constitucionalmente, isso garante que o Norte tenha 21 senadores e 65 deputados federais e o Nordeste eleja 27 senadores e 156 deputados. Ao todo, Norte e Nordeste têm 48 senadores e 216 deputados federais.

Ou seja, 59% do Senado e 43% da Câmara são compostos por representantes do Norte e do Nordeste. Quando há junção de Senado e Câmara para formar o Congresso Nacional, representantes do Norte e do Nordeste comandam 45% dessa agremiação.

As regiões Norte e Nordeste, juntas, detêm somente 35% da população, enquanto o Sul e o Sudeste, 56%, e o Centro-Oeste, 8%. Considerando que, com 35% de população, o Norte e o Nordeste detêm 59% de comando do Senado e 45% de comando do Congresso Nacional, a distorção de representatividade é óbvia e suscita todo um debate sobre qual seria o melhor modelo para corrigir isso e qual seria o método para fazê-lo, uma vez que o próprio Congresso Nacional terá que aprová-lo. Mas esse debate está além do escopo desta análise.

A pergunta é: por que isso é relevante no debate sobre corte de gastos na máquina pública e realocação do fundo eleitoral? Resposta: porque em um número expressivo de municípios do Norte e do Nordeste o funcionalismo público representa mais de 40% da força de trabalho – em alguns casos, ultrapassa 60%.

No Sul e no Sudeste, o funcionalismo público representa menos de 20% da força de trabalho. O funcionalismo público é uma força eleitoral em todo o Brasil, porém é mais expressivo nas regiões Norte e Nordeste. Mas há, também, os milhares de cabos eleitorais financiados pelos partidos através do fundo eleitoral. Esses cabos eleitorais frequentemente agem durante os ciclos eleitorais. Como há eleições a cada dois anos, muitos deles são empregados permanentes do partido. Portanto, para as regiões Norte e Nordeste, onde empregos na iniciativa privada são mais escassos, há uma dependência dupla do Estado: empregos na burocracia pública e serviços durante os ciclos eleitorais.

Há deputados e senadores das regiões Norte e Nordeste que são a favor de reduzir custos na máquina pública durante uma crise econômica e realocar recursos do fundo eleitoral para ajudar na saúde? Claro que sim. Há também deputados e senadores das regiões Sul, Sudeste e Centro-Oeste que não querem mexer em ambos. A questão é: se a máquina do Estado brasileiro, em sua totalidade, está em dissonância com a opinião pública e precisa de reformas, o fator de resistência virá da antiga e inconveniente verdade: a desproporcionalidade no nosso sistema representativo faz com que os estados–membros mais dependentes da máquina pública tenham mais poder político que a opinião pública.

(Gastos públicos e fundo eleitoral: uma verdade inconveniente – 7 de abril de 2020).

STF

STF: ativismo sem limites é ditadura

A ditadura já existe, e é a do STF. Eles já estão agindo com poderes ditatoriais em todos os Poderes, tanto no Legislativo quanto no Executivo. Ninguém tem um contraponto ou um freio quanto ao poder do STF.

Jornal Extra, 31/05/2020.

17 DEZ 2020 Não há surpresa na decisão do STF sobre a obrigatoriedade da vacina. O que ainda pode gerar surpresa será a reação da sociedade; tanto pela passividade em aceitar a obrigatoriedade quanto pela consciência em resistir.

> **Entenda:** Refere-se à vacina contra a Covid-19.

13 DEZ 2020 Gera dúvida na população o STF não esclarecer em rede nacional quem exerce o Poder Executivo do Brasil.

> **Entenda:** Ricardo Lewandowski, ministro do STF, deu 48 horas para o governo informar datas e plano para a vacinação contra a Covid-19. Essa cobrança detona uma clara interferência do Judiciário no Executivo.

30 JUL 2020 Ao contrário do Poder Legislativo, onde parlamentares já propuseram várias reformas políticas, até agora não vi nenhum juiz do STF propor reforma do Poder Judiciário.

♡ 331   ⟲ 3,1 mil   ♡ 18 mil

28 MAI 2020 Ministros do STF se aposentam com 75 anos. Se cometem abusos agora, e o STF como instituição não cria limites, as chances de esses mesmos ministros não cometerem futuros abusos nos próximos 15 a 25 anos são zero.

28 MAI 2020 O pedido da PGR [Procuradoria-Geral da República] para suspender o inquérito das *fake news* deve ir a voto no STF. Se aprovado, os demais ministros do STF preservam limites contra abuso de poder praticado por alguns de seus membros. Caso contrário, é aprovação colegiada a favor de ilegalidades.

2 MAI 2020 O ativismo judicial se aplica mais ao próprio STF do que a qualquer outro poder. A maioria dos juízes nunca foi juiz, todos têm a mesma ideologia, não querem se reformar e ignoram seu descrédito. Os outros poderes são mais sensíveis, justos e equilibrados em comparação.

> **Entenda:** O ativismo judicial é usado pelos juízes do STF para interferir tanto no Executivo quanto no Legislativo. No entanto, o próprio Poder Judiciário precisa de reformas, às quais os juizes, por omissão, se negam. Portanto, quem vai reformá-los?

3 MAR 2020 Errado. Instituições não são a democracia. Instituições representam o Estado de Direito. A democracia é vontade popular. Atacar a vontade popular é que é atacar a democracia. E quem tem atacado tanto o Estado de Direito quanto a vontade popular é o STF.

> **Entenda:** O juiz Dias Toffoli explica que ataques a instiuções públicas significam ataque à democracia. Você pode conferir a reportagem da revista *Exame Online* no QRCode ao lado.

19 NOV 2019 Saída de dólares do Brasil elevou a cotação da moeda. Disputas entre EUA e China têm muito a ver com isso. Mas STF que solta criminoso socialista também aumenta o risco Brasil. A economia é sempre importante, mas já passou da hora de priorizar reformas na Justiça.

> **Entenda:** Refere-se ao ex--presidente Lula.

17 NOV 2019 O Ministro Gilmar Mendes não deve se incomodar com as mobilizações populares contra ele. Quem deve ficar incomodado é o Senado, que até agora não agiu.

> **Entenda:** Nesta data ocorreram manifestações em todo o país pedindo abertura de processo de impeachment do ministro Gilmar Mendes.

12 NOV 2019 Não há nenhuma instituição na República que proteja o bom senso. Soltar milhares de criminosos perante a população desarmada é irresponsável, e nada na República impede esse crime maior.

> **Entenda:** Refere-se à autorização da saída temporária de presos do regime semiaberto, que estava cancelada desde 16 de março do mesmo ano.

11 NOV 2019 *"What the hell is going on down there?!"* foi exclamado, quinta passada, num evento da Câmara de Comércio Brasil–EUA, em NY, que tratava dos avanços na Lava Jato quando investidores americanos e escritórios de advocacia internacional foram surpreendidos com a decisão do STF.

---

9 NOV 2019 A Justiça vem do senso comum da sociedade. A Justiça não pertence ao STF.

💬 714   🔁 5,5 mil   ♡ 29 mil

---

8 NOV 2019 Não são necessários milhares de terroristas gerando caos nas ruas quando o STF sozinho é capaz de estragos muito maiores.

7 NOV 2019 Com nossa Constituição ambígua como cúmplice, o STF vota para impedir que a Justiça se estabeleça no Brasil.

> **Entenda:**
> Em votação, STF volta a proibir prisão em segunda instância.

24 OUT 2019 Retrocedemos ao pesadelo da prisão após infinita instância.

> **Entenda:**
> STF retoma julgamento sobre prisão em segunda instância.

15 OUT 2019 Perdi a conta, mas, se não me engano, essa é a sexta vez que o STF avalia a prisão em segunda instância. Com esse STF, todo ano teremos insegurança jurídica.

---

30 SET 2019 Só quando investidores externos pararem de investir por falta de segurança jurídica no Brasil que os agentes do mercado interno reclamarão. Caso contrário, impera o mote de que corrupção e abuso "já estão no preço". Atingir grau de investimento com esse STF é um contrassenso.

💬 204   🔁 3 mil   ♡ 13,8 mil

---

28 SET 2019 Seria a demonstração mais legítima de consciência cidadã se os juízes de todo o país se posicionassem contra a lei de abuso de autoridade.

26 SET 2019 De ontem para hoje, o que mais escutei de amigos e ativistas foi: "Estamos nas mãos de bandidos".

> **Entenda:**
> Dia em que o STF julgava o mérito de habeas corpus em delação premiada.

25 SET 2019 A mobilização que ocorreu contra o STF hoje em Brasília lembrou o estágio das primeiras etapas do processo de impeachment em dezembro de 2014.

> **16 SET 2019** Nos EUA, alguns poucos querem o impeachment de um juiz do STF por alegações sobre sua conduta durante seu tempo de faculdade, há mais de 30 anos. No Brasil, há alegações contra nossos magistrados em tempo real, e só alguns poucos não querem falar em impeachment.
>
> 💬 277   🔁 3,4 mil   ♡ 16,2 mil

10 SET 2019 Quantas manifestações são necessárias para os senadores entenderem que a sociedade quer a CPI [Comissão Parlamentar de Inquérito] da Lava Toga? Na verdade, eles já sabem e esperam que a sociedade esqueça esse tema. Acho que isso não vai acontecer.

25 AGO 2019 As ruas pedem impeachment de ministros do STF. É uma necessidade para a evolução do nosso sistema político. Sem esse passo, nenhuma outra evolução será possível.

> **Entenda:** Manifestantes foram às ruas em todo o país para protestar contra o projeto de lei de abuso de autoridade e pedir o impeachment do presidente do STF, o ministro Dias Toffoli.

29 JUL 2019 De 2014 até 2017, alguns ativistas achavam que, de alguma forma, Sérgio Moro e Deltan Dallagnol faziam parte da "nova esquerda limpa". Hoje, são acusados de terem conspirado em prol da direita que mal se entendia como tal na época. O fato de eles simplesmente quererem fazer justiça não vale.

16 ABR 2019 No discurso de posse do novo governo, uma juíza suprema fez entender que a ordem era para respeitar a Constituição, pois os supremos não toleram ditadura. Quanta ironia.

> **Entenda:** Em discurso, Rosa Weber pede que Jair Bolsonaro tenha a Constituição como norte.

2 FEV 2019 De acordo com a Constituição Federal, cabe ao Senado elaborar seu próprio regimento interno. De acordo com Dias Toffoli, cabe a ele – por qualquer razão que ele inventar na madrugada.

> **Entenda:** O presidente do STF, Dias Toffoli, decretou que a eleição para a presidência do Senado terá voto fechado, contrariando as decisões tomadas pelos senadores no dia anterior.

19 DEZ 2018 A decisão de Marco Aurélio de Mello é a síntese do Brasil do atraso. Permitir a prisão apenas com trânsito em julgado é perpetuar a impunidade destinada àqueles que têm recursos para custear processos que naveguem o infinito sistema de recursos e apelações do Brasil.

> **Entenda:** O ministro do STF Marco Aurélio Mello determina soltura dos presos com condenação depois da segunda instância.

5 DEZ 2018 Autoritarismo é sinal de insegurança e falta de legitimidade. Percebe-se esse comportamento no Nicolás Maduro [na Venezuela], no Emmanuel Macron, na União Europeia, e no Ricardo Lewandowski.

Qual é a real função do Supremo Tribunal Federal?

Não cabe ao STF ser o poder moderador. Ele não pode legislar nem executar – e tem feito as duas coisas –, limitando o Executivo e criando leis que nem foram debatidas no Congresso. Sou contra esse tipo de ativismo judicial. Agindo como está, e tendo violado a Constituição várias vezes, está errado.

A sociedade precisa começar a cobrar, e os ministros do STF precisam colocar em pauta a melhor definição das competências do Tribunal. O STF não tem respondido a nenhuma incursão da opinião pública para se reformar, apesar de haver alguns juízes que estão conscientes dessa necessidade. Entretanto, eles não estão debatendo essas reformas, não apenas sobre o processo seletivo do Supremo Tribunal Federal, mas também sobre até que ponto o STF pode mandar nos outros poderes. Qual a real função dele?

É preciso resgatar a função do STF como uma corte constitucional, que até agora não tem se valido muito desse ofício. Como colocamos o STF na linha mais uma vez? Os ministros do Supremo Tribunal Federal precisam se colocar, e a opinião pública precisa exigir reformas.

(Entrevista à CNN Brasil – 23 de maio de 2020).

PANDEMIA

Brasil sob comando da OMS na pandemia

Muitos governadores optaram por lidar com o coronavírus como bebês chorões. Pararam de se preocupar em ter uma economia saudável no seu Estado, fechando tudo, porque o governo federal irá salvá-lo. Isso é uma postura irresponsável.

3 DEZ 2020 Há desconfianças profundas relativas à origem do vírus, à "ciência" defendida por diversas entidades e às vacinas em elaboração. O mínimo que nossos governantes devem nos garantir não é a poção mágica, mas sim o direito a ter opções.

30 NOV 2020 Palavras importantes como "ciência", "medicina", "dados", "vidas", "vírus", "diálogo" e "vacinas" não têm significado algum quando verbalizadas pelo governo de São Paulo.

> **Entenda:** O governador João Doria usa com frequência essas palavras para valorizar seu discurso e se colocar no lado daquilo que é universalmente aceito como bom.

18 OUT 2020 Enquanto o mundo ainda faz os primeiros testes da vacina, e levanta sérias dúvidas sobre os efeitos, o "gestor" já discute a obrigatoriedade em aplicar a sua poção mágica em todos... Sinal de alerta para o cidadão de SP.

---

24 SET 2020 O governador de São Paulo [João Doria] continua insistindo na obrigatoriedade de sua vacina. Isso não inspira confiança. Faltam transparência sobre suas ligações com a China, autenticidade em prezar pela saúde e confiança na sociedade paulista.

💬 776   ↻ 4,8 mil   ♡ 20,8 mil

---

20 AGO 2020 Os secretários de saúde nos estados brasileiros devem explicações às suas populações. Será que eles estão fazendo seus deveres de casa ou só estão fazendo política?

> **Entenda:** Nesta data, o Brasil registrou 1.234 mortes por coronavírus em um dia e alguns estados apertaram as medidas de isolamento.

12 AGO 2020 A OMS [Organização Mundial da Saúde] se desqualificou ao ponto de poder ser extinta e ninguém notar. Mas não afundou sozinha, levou consigo a credibilidade das agências nacionais, estaduais ou municipais. Hoje, só confio em médicos que conheço, que não gostam de mídia e que desconfiam de políticos.

> **9 JUN 2020** Segundo a OMS, o Brasil deve R$ 170 mi à instituição. Só que, nas minhas contas, é a OMS que deve ao Brasil R$ 450 bi (6% do PIB [Produto Interno Bruto]) pela recessão causada por suas orientações. Se a OMS não pagar, há vários governadores, secretários de saúde, prefeitos e juízes que são os avalistas.
>
> 💬 1,1 mil   🔁 10,3 mil   ♡ 38,4 mil

5 JUN 2020 As melhores práticas para lidar com a pandemia não devem estar no Ocidente. Os países asiáticos mais próximos da China convivem com pandemias recorrentes e sempre aprendem. O registro do balanço do que aprendemos por aqui precisa ser feito sem politização.

30 MAI 2020 Taiwan, Hong Kong, Japão e Coreia do Sul são quatro nações que não aplicaram o *lockdown*. Se tudo correr bem para o STF, em breve não poderei me referir a Hong Kong e a Taiwan como sendo nações, por ordem da China, ou ser contrário ao *lockdown*, por ordem da OMS.

26 MAI 2020 O PL 1.075, que dá mais de R$ 3 bi para a cultura, passou agora há pouco na Câmara via voto simbólico dos "líderes". Eu teria votado contra se fosse nominal. Há pequenos empregadores queimando poupança para não ter de demitir, e mostramos que, com a pandemia, a festa continua.

> **Entenda:** Projeto de lei que prevê verbas emergenciais destinadas ao setor cultural durante o estado de calamidade pública.

22 MAI 2020 Os governadores intervieram na sociedade e geraram crise e falência. A Câmara aprovou direito de moratória a devedores achando que vai diminuir os danos, mas possivelmente estará agravando ainda mais o problema. Deixar a sociedade em paz ainda não virou uma opção.

---

17 MAI 2020 O *lockdown* não é sustentável e acarreta perdas claras para a população. Mesmo assim, alguns governadores e prefeitos defendem essa medida. Estariam motivados pela saúde caso também não quisessem derrubar o governo, desviar dinheiro público e definir escolhas para 2022?

💬 611   🔁 5,4 mil   ♡ 24 mil

---

15 MAI 2020 Estima-se que somente 30% das empresas e empregos em bares e restaurantes ainda irão existir caso o *lockdown* acabe nas próximas semanas. Enquanto isso, a prioridade dos governadores e prefeitos é repor a perda de imposto e gastar dinheiro público sem licitação… "Gestores."

> **Entenda:** "'É quase uma Ford por semana', diz Abrasel sobre falência de restaurantes em SP". Leia a reportagem da CNN Brasil acessando o QRCode ao lado.

11 MAI 2020 Nesse momento de gastos livres de licitação, divulgar o que governadores e prefeitos estão comprando, por quanto e de quem é o que é combate à corrupção. Transparência, limites e preservação de dinheiro público podem até salvar vidas.

> **Entenda:** Durante a pandemia, o governo federal flexibilizou as regras para licitações e contratações.

10 MAI 2020 O cidadão paulista é bem informado e obedece somente ao seu bom senso. Medidas mais restritivas na cidade e no estado, que violam esse senso, não terão sucesso. Governador João Doria e prefeito Bruno Covas precisam reavaliar suas estratégias.

7 MAI 2020 A estratégia de quarentena precisa ser revista. Torná-la efetiva tem um custo que não foi mensurado. Gestores de estados e municípios deveriam exercer independência no desenvolvimento de estratégias próprias, sustentáveis localmente, ao invés de demonstrar servidão à OMS.

2 MAIO 2020 É fácil para prefeitos e governadores trancar tudo quando assumir postura de pedinte gera resultados. Imagine se o poder federal decretasse "fecha tudo"? A quem o país pediria ajuda? Já entregamos o país a financiadores externos várias vezes na nossa história, e nenhuma foi boa.

> **1º MAI 2020** A OMS afirma que a origem da Covid-19 é natural. Caso se comprove que o vírus tenha sido produzido em laboratório, a China correrá o risco de pagar por danos bilionários em diversos países. A OMS quer proteger as finanças da China ou a saúde mundial?
>
> 💬 1,2 mil   🔁 6,5 mil   ♡ 29,6 mil

14 ABR 2020 O PLP [Projeto de Lei Complementar] 149 aprovado ontem é para salvar governadores e prefeitos em ano eleitoral. O combate à pandemia exige medidas nítidas e focadas onde o problema existe: itens inexistentes da proposta. Agora, cabe ao Senado decidir se atende ao país ou à ciranda eleitoral.

> **Entenda:** Trata-se de um programa de socorro aos estados e municípios mais endividados.

13 ABR 2020 A boa política pública deve ter começo, meio e fim. Infelizmente, a maioria não tem e se torna ruim. Uma série de interesses estende essas políticas além dos mandatos e dos objetivos que as criaram. O combate à pandemia começou. Falta definir o meio e o fim.

8 ABR 2020 Situação incômoda saber que temos poucos fabricantes brasileiros de equipamentos hospitalares e medicamentos para atender à demanda no combate à pandemia. Sinto ver desemprego e indústrias paradas num momento em que o governo fará compras com recursos do contribuinte.

8 ABR 2020 O saldo positivo do imbróglio envolvendo medidas para conter a pandemia é que o cidadão está mais ciente do poder de agências como Anvisa [Agência Nacional de Vigilância Sanitária] e OMS, da interação entre municípios, governos e União e do fato de que suas liberdades são violáveis por todos esses.

31 MAR 2020 Há amplo consenso e aplausos da classe política, da mídia e da sociedade na disposição do governo em injetar bilhões na saúde e na economia neste momento. O problema é que o Paulo Guedes é o único com a consciência de como isso deteriora o balanço da União no longo prazo.

27 MAR 2020 Sair da quarentena e adotar o isolamento seletivo ainda é restritivo. No seletivo, governos restringem menos, mas alguns limites permanecem. A grande diferença é que a sociedade, varejistas, indústrias, clubes etc. assumem mais responsabilidades pela higiene e pela conduta de todos.

> **25 MAR 2020** Bônus sem ônus? Estados querem autonomia para poder fechar estradas e conter o vírus. Justo. Eles também são responsáveis pela saúde. Mas eles sabem que desemprego e falência de empresas serão cobrados da União e não deles. Injusto. Quem quer o bônus deve ficar com o ônus.
>
> 💬 1,4 mil   🔁 9,7 mil   ♡ 35,5 mil

21 MAR 2020 Alguns parlamentares estão levantando a ideia de corte de salários da classe política durante o período de quarentena. Acho boa ideia. E acrescentar que futuros reajustes salariais sejam condicionais ao aumento de PIB acima de 2% se torna uma ideia melhor ainda.

19 MAR 2020 O ministro [da Saúde] Luiz Henrique Mandetta pediu fraternidade para conter a pandemia. Mas há sempre algum portador do vírus chinês que vai resistir à mudança de hábitos. Para esses, vale lembrar que promover a propagação de germes patogênicos é considerado crime contra a saúde pública no Código Penal.

28 JAN 2020 Impor isolamento, quarentena e suspensão do direito de ir e vir gera custos políticos. Por isso, conter uma epidemia, num sistema totalitário como o da China, deveria ser eficaz. Se mesmo assim ocorrer uma epidemia, há mais uma razão para acabar com o sistema totalitário.

Repúdio à conduta omissa do governo chinês sobre os riscos da Covid-19

O Brasil tem amizade e admiração pelo povo chinês, pela sua história, sua cultura, sua capacidade fabril e seus produtos, mas precisa destacar a conduta do atual governo da China. A gravidade da situação que enfrentamos, doméstica e internacionalmente, ocasionada pelas medidas de contenção à propagação do novo coronavírus no território brasileiro e sobre nossa população, requer uma postura crítica e firme deste Parlamento quanto às tomadas de decisão do governo chinês, que poderiam ter mitigado ou, ao menos, prevenido os demais países quanto ao risco potencial que a Covid-19 poderia causar.

Nesse sentido, apresentamos esta moção de repúdio à postura do governo chinês, por não ter agido com transparência ao tomar conhecimento do novo vírus que circulava em seu território e por não divulgar corretamente dados e informações acerca da gravidade da pandemia do novo coronavírus.

Informações recentes revelaram que o governo chinês estava ciente da existência do novo vírus, causador de síndrome respiratória aguda grave, ao menos dois meses antes da divulgação de dados oficiais, e que teria ocultado a informação dos demais Estados. Serviços de inteligência de outros países também mostram que o adiamento de alerta global fora deliberadamente combinado, pondo em risco todos os demais países que tiveram suas tomadas de decisão internas comprometidas pela desinformação

Ora, a responsabilização de um governo, sabemos, pode se dar também pela omissão de atos a ele imputáveis e capazes de causar danos graves (materiais ou morais) a outros países.

A omissão é caracterizada pela ciência do risco potencial que o ato pode causar, independentemente de elemento da vontade que caracterize dolo ou culpa. Basta a relação causal entre o ato (no caso, a omissão) e o dano, para que se enseje a reparação internacional.

Não podemos sequer pensar nesse caso em excludente de ilicitude como estado de emergência e força maior, visto que se trata exatamente do contrário: a China tinha a responsabilidade, a obrigação internacional de tornar públicos os riscos que a pandemia representava para toda a humanidade. Não apenas fruto do bom senso que norteia esse raciocínio, mas também de compromissos internacionais assumidos previamente por meio de acordos de cooperação em matéria sanitária.

Com relação às ações de combate à disseminação do novo coronavírus, não é crível que o referido governo tenha sido transparente e tenha divulgado corretamente dados e informações acerca da gravidade da pandemia quando surgiram os primeiros casos.

Há estimativas de que mais de 232 mil pessoas possam ter sido infectadas na primeira fase de contágio pelo novo coronavírus na China continental, o que representa um número quatro vezes superior ao divulgado pelas autoridades chinesas.

Esses dados estão contemplados na conclusão de um estudo realizado pela Universidade de Saúde de Hong Kong, que foi divulgado após o governo chinês ter sido acusado por vários países de não ser transparente em relação aos números e à origem da pandemia.

Outras nações têm tomado a postura correta ao reiterar a responsabilidade do governo chinês com relação à pandemia. Há países da Europa, como Reino Unido, também incrédulos quanto à postura do governo chinês, que nega, por sua vez, as acusações, alegando atrasos e incorreções – e não omissão. Diante do exposto, cabe a esta Casa

[Câmara dos Deputados], mui respeitosamente, manifestar-se no sentido de repudiar a postura do governo chinês ao omitir as informações acerca da pandemia causada pelo novo coronavírus.

(Requerimento 1.119/20 de repúdio à conduta do governo chinês em omitir informações sobre o risco da Covid-19 para a saúde pública – 20 de maio de 2020).

REFORMA POLÍTICA

Câmara e Senado não são uma fábrica. Infelizmente

Comandar o Brasil via um Congresso dominado pela velha política, dependente de um STF antijustiça, é a opção política que estão construindo para destruir qualquer chance de, um dia, termos um país digno.

26 DEZ 2020 Até o momento, há 47 deputados (eu incluso) de diversos partidos não vinculados a nenhum candidato à presidência da Câmara. Estão vinculados a reformas importantes para o país. O candidato que representar essas reformas deve receber o voto desse grupo.

16 NOV 2020 É *FAKE NEWS* afirmar que nunca houve fraude no nosso sistema eleitoral. Sempre houve denúncias de fraude eleitoral no sistema eletrônico brasileiro. O TSE é que nunca as aceitou. Como não há juizado independente, não é válido afirmar que fraudes nunca ocorreram.

> **15 NOV 2020** Todo sistema eleitoral é fraudável.
>
> 💬 1,2 mil   🔁 4,6 mil   ♡ 35,5 mil

12 JUL 2020 O TSE poderia estar liderando reformas importantes, como voto facultativo, candidatura independente, democratização de partidos, *recall* de mandato, voto distrital, entre outros. Mas liderar uma cruzada progressista contra os templários obscurantistas é muito mais emocionante.

> **Entenda:** Em vários discursos de partidos da esquerda, os termos "obscurantistas", "terraplanistas" e "neoliberais" têm sido usados para definir pejorativamente o movimento de novos representantes e para validar ações contrárias às suas aspirações.

26 JUN 2020 O TSE quer cassar mandato de representantes eleitos por grupos religiosos a partir das eleições deste ano. Representantes de eleitos por policiais, militares, conservadores, liberais serão os próximos? E os representantes eleitos por mídia, universidades, sindicatos, ONGs [organizações não governamentais] etc.?

> **30 MAI 2020** O Executivo tenta governar, enquanto o Legislativo e o Judiciário fazem revezamento para ver de quem é a vez de obstruir, interferir ou conspirar. A harmonia só existe quando os poderes são complementares e não concorrentes.
>
> 💬 1,4 mil   🔁 9,3 mil   ♡ 38,3 mil

21 ABR 2020 Parlamentarismo tem virtudes próprias e não cabe vir por mãos infames. Se for implementado com a ajuda do Poder Executivo e com anuência da população, nos tornaremos respeitáveis e desenvolvidos. Se chegarmos lá por golpe, sofreremos com o atraso e domínio eterno da corrupção.

20 ABR 2020 Comandar o Brasil via um Congresso dominado pela velha política, dependente de um STF antijustiça, é a opção política que estão construindo para destruir qualquer chance de, um dia, termos um país digno.

19 ABR 2020 Até agora, o legado que os líderes da Câmara e do Senado deixarão será um de revanche e antagonismo ao governo. Foi uma opção política, pois querem o voto dos que não gostam do presidente. Esquecem que muitos desses não querem quebrar o país ou ver ressurgir esquemas de corrupção.

> **16 ABR 2020** Em alguns países, o Poder Executivo não tem ministros, mas sim secretários. Esses são responsáveis por funções igualmente importantes que os ministros, mas sem o brilho ou status midiático.
>
> 💬 288   🔁 2,3 mil   ♡ 15,4 mil

28 MAR 2020 Se o Congresso proibir demissões, haverá mais demissões. Se criar mais impostos sobre os ricos, os ricos somem. Se taxar mais as empresas, as empresas param de investir. A ação que a sociedade quer ver é o Congresso reduzir gastos – e isso não está na pauta.

16 MAR 2020 Congresso cogita realocar R$ 5 bi de emendas individuais para combate à Covid-19: ou seja, entregar $ à saúde que já era da saúde. Em paralelo, cogita aumentar o teto dos gastos para manter fundos partidário e eleitoral e de mais R$ 30 bi na LDO [Lei de Diretrizes Orçamentárias] intactos: ou seja, sacrifício zero.

> **Entenda:** Na dinâmica do Congresso, o corte de custos e a austeridade são medidas impopulares, ao mesmo tempo que a redução da máquina que beneficia deputados e senadores é um tiro de morte na capacidade deles de se reelegerem.

2 MAR 2020 Se hoje tivéssemos parlamentarismo, seria o primeiro-ministro eficaz se o orçamento dependesse de um deputado escolhido aleatoriamente todo ano? Óbvio que não. O fato é que, com o orçamento impositivo, qualquer poder executivo se torna inviável.

2 MAR 2020 Com despesas obrigatórias da União atingindo 94% do orçamento e o "orçamento impositivo" comprometendo o pouco que resta, seja quem for nomeado o relator da Lei de Diretrizes Orçamentárias, ele se torna mais importante que o ministro da Fazenda.

> **Entenda:** Em 2019 criou-se o orçamento impositivo, que, na prática, removeu o último poder de barganha orçamentário do governo. Ou seja, de agora em diante o governo tem de convencer a

> Câmara a fazer uso dos poucos recursos que estavam livres, não vinculados a despesas obrigatórias.

> **17 FEV 2020** No parlamentarismo, o chefe de Estado controla a arrecadação e o primeiro-ministro é quem define como gastar; nunca os parlamentares individualmente. Dar a cada deputado federal uma % do orçamento para emendas parlamentares não é o início do parlamentarismo, é o fim da picada.
>
> 💬 208   🔁 3 mil   ♡ 12,9 mil

30 OUT 2019 O projeto de lei [PL 3.723/19] que trata de porte e posse de armas de fogo ampliou direitos a categorias do Estado, mas restringiu ainda mais para o cidadão. Esse é o resultado do protagonismo do Congresso.

7 OUT 2019 Este ano houve avanços em pautar reformas econômicas, que são de iniciativa do Poder Executivo, mas houve retrocessos nas questões de reforma política, que são de iniciativa do Congresso. Sim, o Congresso conseguiu piorar o sistema político.

23 ABR 2019 Na primeira semana do meu mandato, criamos o *recall* de mandato. Se já tivéssemos esse e outros mecanismos, algumas personalidades políticas estariam preocupadas.

> **Entenda:** O *recall* de mandato é uma iniciativa popular via abaixo-assinado que dá ao eleitor a chance de convocar uma nova eleição para um cargo. Alguns países permitem *recall* de presidentes.

Quais as funções da Câmara dos Deputados?

Um livro clássico em cursos de Administração de Empresas em todo o mundo chama-se *A meta* (*The Goal*), de Eliyahu Goldratt e Jeff Cox. Nele, os estudantes aprendem a determinar o objetivo e a identificar os gargalos nos processos internos da empresa (seja ela de produtos ou serviços) que a impedem de atingir seus objetivos.

Se aplicarmos um pouco do que aprendemos nesse livro para iniciantes no atual modelo parlamentar brasileiro, torna-se fácil afirmar que a nossa Câmara não representa bem seu objetivo – e, por isso, não sabe identificar seus gargalos.

A Câmara dos Deputados é a porta de entrada para os representantes da sociedade. É ela que tem legitimidade de criar as leis que regulamentam as funções do Estado e, assim, satisfazer as expectativas da sociedade. A existência de uma Câmara é item fundamental para fazer a democracia representativa funcionar.

Temos uma Câmara, mas será que ela cumpre suas funções? Será que ela é eficiente? Essas questões surgem após constatarmos como o custo dessa democracia tornou-se alto para uma sociedade empobrecida.

Segundo estudo da BBC [publicado em 7 dez. 2018], o Congresso brasileiro é o segundo mais caro do mundo, atrás somente dos Estados Unidos – hoje uma potência econômica dez vezes maior que a brasileira.

O custo da Câmara gira em torno de R$ 10 bilhões por ano e, sem entrar em mais detalhes do que daria para fazer com esses recursos em outras áreas, esse dado sozinho aponta para grandes ineficiências. Essas ineficiências se devem a gargalos no Poder Legislativo, que, por falta de análise crítica, tem buscado remendos na forma de mais recursos públicos. E quais as áreas de ineficiência da Câmara? São três: processo regimental, falta de planejamento e o ambiente da Câmara.

Processo regimental

Os deputados criam propostas de leis isoladamente em seus gabinetes; a Mesa da Câmara distribui para as comissões, que, por sua vez, não têm tempo de avaliar e votar todas as propostas criadas e terminam por estocar a maioria delas.

As que são votadas passam para outra comissão e correm o risco de ser estocadas até que uma oportunidade se apresente, geralmente pela demanda política do momento. Mesmo que uma proposta seja avaliada e votada favoravelmente por todas as comissões e, no caso de não ter tramitação conclusiva, siga tranquilamente de volta ao plenário da Câmara, o presidente pode simplesmente estocá-la, às vezes por anos ou décadas.

Todo esse processo tem uma válvula de escape, que é o voto de urgência. Ele permite que um projeto vá direto ao plenário sem passar por nenhuma comissão ou pela chancela do presidente da Câmara.

Na verdade, o voto de urgência é o "jeitinho" para resolver as falhas no modelo parlamentar. Ou seja, resolve, mas cria outros problemas: fura fila, retarda outros projetos de debate mais maduros e abre a porta para abusos e pautas que levam a legislações, muitas vezes, de mera ocasião.

Como um gerente de produção resolveria esse gargalo? Uma maneira óbvia e de fácil implementação seria aumentar a eficiência nas comissões. As comissões dependem da participação de seus titulares ou suplentes para terem quórum suficiente e, assim, iniciar trabalhos de avaliação de projetos e propostas. Muitos parlamentares têm de se deslocar até Brasília para que isso aconteça, o que custa tempo de trânsito e dinheiro público em transporte. Com a nova tecnologia que foi implementada na Câmara durante a pandemia de 2020, as comissões podem ampliar o tempo de operação e o volume de projetos avaliados facilmente.

Só que melhorar a produtividade, em termos legislativos, pode não ser tão bom assim. Seria um incentivo para todos os 513 deputados criarem ainda mais propostas de leis e, logo, o novo sistema se encontraria sobrecarregado, como o atual.

Falta de planejamento

Outra maneira de melhorar a eficiência da Casa, de efeito mais profundo e duradouro, seria introduzir um planejamento jurídico. Como isso funcionaria? Atualmente, os líderes de partido definem qual a pauta a ser votada na semana baseados nos milhares de projetos em estoque na Mesa da Câmara e nos projetos de urgência. Seria muito mais produtivo se o presidente da Câmara, junto com os líderes, ampliasse o horizonte, o cronograma de projetos para, digamos, o semestre ou mesmo o ano. Se a Câmara obedecesse a um cronograma legislativo, uma série de benefícios se materializaria.

O planejamento eliminaria ou reduziria drasticamente os gargalos nas comissões, uma vez que definiria uma baliza legislativa, eliminando o ruído político e os projetos fora dessa baliza.

O cronograma lesgislativo também reduziria os custos da assessoria da Câmara, que hoje tem de atender às demandas de todos os 513 deputados. Com o foco só naquilo que precisa ser votado, a assessoria seria muito mais eficiente na elaboração de projetos e poderia se aprofundar muito mais na análise técnica de cada proposta.

Para além disso, o planejamento beneficiaria os debates nas comissões, que seriam mais fundamentados e profundos, com conscientização mais ampla dos deputados.

Haveria também mais previsibilidade. Com isso, todos os entes federativos e a iniciativa privada poderiam planejar com mais segurança suas atividades e seus orçamentos. Em função de um regramento em constante fluxo, nem governos nem empresas conseguem prever o que esperar no ano legislativo.

O planejamento jurídico traria estabilidade jurídica para o Brasil. Atualmente, há milhares de projetos aprovados por legislaturas anteriores que estão estocados na Mesa da Câmara. A qualquer momento, o presidente da Câmara pode pautar algum deles, independentemente de estar alinhado com o momento político ou não. Isso dá um tremendo poder ao presidente da Câmara, desassociado de qualquer alinhamento com os partidos, com o Poder Executivo ou com os eleitores.

Responder à pergunta "O que podemos esperar da Câmara este ano?" traria maior estabilidade à Casa, reduzindo as chances de haver votação surpresa ou pauta-bomba no percurso.

Para alguns críticos, criar um planejamento poderia fazer com que várias iniciativas políticas ficassem sem ter uma avaliação justa. Entretanto, na prática, isso já ocorre, o que abre espaço para o ativismo judicial por parte do STF. Precisamos ter consciência de que o processo de limitar é ato justo e mantenedor da representatividade política, expressa pela eleição dos parlamentares. Em outras palavras, se o tema não está sendo discutido é porque não é da vontade popular.

A adoção de um planejamento jurídico anual criaria limites, o que é benéfico, assim como limites orçamentários que visam ao equilíbrio fiscal. Os dois casos afetariam positivamente a redução do risco Brasil, trazendo melhorias para toda a sociedade.

Ambiente da Câmara

Por fim, há o ambiente da Câmara, que é muito distante daquele encontrado em qualquer parlamento de país desenvolvido. No atual modelo, há vários pontos que precisam de reforma, tanto de estrutura física quanto de regimento interno da Câmara. Com relação à reforma física, alguns pontos saltam aos olhos:

- Primeiro, não há cadeiras suficientes para todos os deputados.
- Segundo, não há microfones na mesa de cada parlamentar, fazendo com que um grupo esteja sempre em pé no centro e ao lado dos microfones.
- Terceiro, há duas tribunas, uma de cada lado da mesa, o que divide o público de parlamentares em dois, tornando o ocupante da tribuna "invisível" ao menos para uma parcela do Parlamento.
- Quarto, as cadeiras parlamentares estão voltadas para o púlpito da Mesa da Câmara, enquanto em parlamentos que promovem debates mais francos e diretos, as mesas se organizam em semicírculo ou diretamente opostas umas às outras.

Com relação à reforma da conduta da Câmara, é necessário haver a separação do poder na Câmara entre o seu presidente e a de um chefe regimentalista, que se encarregue da condução dos trabalhos sempre que houver sessão. Atualmente, o presidente da Câmara concentra a função de definir a pauta a ser votada assim como a regência dos trabalhos. O debate parlamentar daria um salto evolutivo se esse comando fosse isento.

O presidente da Câmara, por ser de um determinado partido, está sempre em risco de faltar com a isenção se cortar o microfone de um parlamentar de outro partido. O abuso dos parlamentares no uso do tempo, para falar de assuntos não relacionados com a pauta em questão, desgasta a todos e mata o debate em parlamento.

Os dirigentes rotativos da Câmara têm consertado esses problemas da maneira errada. No raciocínio predominante até agora, os parlamentares são dotados de cada vez mais recursos públicos, na forma de aumento de verbas de gabinete e de números de assessores que cada um tem à disposição. Tudo isso para tornar o processo legislativo mais produtivo, mas que acaba gerando o efeito contrário, já que aumenta o estresse nos gargalos.

Está na hora de focar, planejar e priorizar para reduzir o volume nos gargalos e a necessidade de crescer o aparato estatal – antes que o custo da democracia inviabilize sua própria existência. Para que esses itens se materializem, novas regras precisam ser criadas. Uso de tecnologia nas comissões e regras de planejamento otimizam o tempo de todos e afetam as funções do presidente da Câmara e do colégio de líderes. E reformas físicas e processuais ajudariam a fomentar o debate. A casa não precisa de mais recursos, precisa de melhores processos. Essa afirmação é válida para os poderes públicos como um todo, mas seria ideal que a Câmara liderasse esse processo, estabelecendo-se como exemplo de que a democracia é sustentável.

(A meta da Câmara dos Deputados: reforma – 18 de julho de 2020).

O que é o *recall* político e como ele funciona em outros países

O dispositivo que permite a revogação de um mandato, também conhecido como *"recall* político", foi introduzido nos Estados Unidos em 1911. Copiaram o que já existia na Suíça para tentar salvar o sistema representativo daquele país. E funcionou. O primeiro estado a adotar o *recall* nos Estados Unidos foi a Califórnia, e gradualmente, ao longo do início do século XX, os outros estados adotaram o mecanismo em suas constituições estaduais até chegar aos estados mais antigos da Costa Leste. A figura a seguir mostra a tocha da liberdade nos estados do oeste, que tinham o *recall*, e os do leste, que ainda não tinham esse mecanismo.

The awakening, de Henry Mayer. Nova York: publicada por Puck Publishing Corporation, 295-309 Lafayette Street, 20 de fevereiro de 1915.

Ao contrário do que muitos pensam, esse mecanismo não faz com que mandatos sejam interrompidos a todo momento. Desde sua introdução, houve poucos casos em que ele foi utilizado. Seu uso só foi aumentar em 2007, quase noventa anos após sua criação. Graças à crise econômica surgida no final do segundo mandato de George W. Bush, o número de *recalls* saltou para mais de duzentos por ano e tem permanecido nesse patamar desde então. Embora pareça um número grande, é preciso lembrar que ele é válido para qualquer cargo público, não só para o Congresso Nacional. De acordo com o U. S. Census, em levantamento feito em 1992, havia 513.200 oficiais eleitos no país. Ou seja, o *recall* atingiu anualmente 0,37% do total eleito. Muito pouco.

Diferentemente do impeachment, a revogação de mandato não requer abrir um processo criminal, que, como acompanhamos no processo brasileiro de 2015 e também nas denúncias contra o presidente Michel Temer, é complexo, traumático e custoso. No *recall* basta que o eleitorado perca a confiança. Quando isso acontece, um percentual de assinaturas de eleitores indignados é o suficiente para convocar novas eleições para um cargo específico. O processo é simples, direto e democrático, já que deixa a decisão por conta de quem elegeu aquele parlamentar, não para seus pares, que sempre tendem a recorrer ao corporativismo.

Como funciona o *recall* político

Para remover um político, seguem-se as seguintes etapas:

1. Faz-se um abaixo-assinado pedindo novas eleições para o cargo daquele político.

2. Apresenta-se o abaixo-assinado para que o TSE averigue a autenticidade das assinaturas.

3. As assinaturas são encaminhadas ao TSE.

3.1. Caso as assinaturas sejam fraudulentas ou não atinjam o total necessário, o TSE encerra o processo.

3.2. Caso as assinaturas sejam válidas e atinjam o total necessário, o TSE notifica o político em questão e convoca novas eleições para o cargo.

4. O candidato que atualmente ocupa o cargo pode concorrer novamente ou renunciar.

4.1. Caso opte pela renúncia, o candidato pode concorrer nas próximas eleições.

4.2. Caso opte por concorrer e perca, o candidato fica fora das próximas eleições, assim como em um impeachment.

4.3. Caso opte por concorrer e vença, o político sai mais forte do processo e consegue cumprir seu mandato com maior facilidade.

5. O TSE administra novas eleições somente na jurisdição do cargo.

A vantagem do *recall* político de que poucos falam

Os Estados Unidos criaram uma expansão muito interessante para o *recall* político. Poucos sabem, mas naquele país agora a população também pode revogar o mandato de cargos nomeados, como burocratas, secretários indicados por políticos, chefe de polícia, auditores, secretário de finanças e por aí vai. Todos esses cargos estão sujeitos a ter seus mandatos popularmente validados.

Veja bem como isso pode ser útil. Esse recurso poderia ter sido usado no caso do BNDES [Banco Nacional Desenvolvimento Econômico e Social], por exemplo, quando ele passou a fomentar obras em países pouco democráticos, sem poder de pagamento ou em um processo de financiamento pouco transparente. Ao permitir que a população possa intervir diretamente na ação dos servidores, estes passam a trabalhar pensando no interesse popular, e não de quem o indicou para o cargo.

O *recall* vai mais além. Com a criação de um dispositivo de revogação de mandato, a população pode fazer um pedido por novas eleições de bancadas inteiras ou até mesmo eleições gerais! O Congresso está sem legitimidade? A população pode dissolvê-lo e exigir novas eleições. O *recall* político cria políticos mais responsáveis.

A possibilidade de revogação de mandato, ou sujeito a novas eleições por voto de não confiança, causa efeitos imediatos. Ao deixar claro que o dono daquele mandato é o eleitor, e não o político, o *recall* faz com que o parlamentar se torne muito mais próximo de seu eleitorado e da sociedade, que por consequência passam a confiar mais no sistema político daquele país. O *recall* político serve até como uma válvula de escape, pois evita que todo o sistema fique contaminado e chegue a situações patéticas como a do Brasil de hoje.

A complexidade do *recall* é que somente alguns modelos representativos permitem esse sistema. Para cargos majoritários, onde quem tem mais votos ganha, como prefeitos, governadores, presidente e senadores, o sistema é aplicável sempre. O problema é que essa é a menor parte da máquina política. O grosso dos cargos encontra-se no Legislativo, com deputados federais, estaduais e vereadores. Isso ocorre pois, no modelo atual, em que há o coeficiente eleitoral, o mecanismo não pode ser aplicado, pois a remoção de um candidato com muitos votos, e que elegeu desta forma muitos outros, inviabilizaria o mandato desses parlamentares que foram eleitos com o resíduo dos seus votos originais. O único modelo que permite essa mecânica é o voto distrital puro, pois não há coeficiente e os distritos eleitorais são menores.

(O que é o *recall* político e como ele funciona em outros países – 13 de setembro de 2017).

REFORMA TRIBUTÁRIA

Sistema tributário centralizado no Estado federal é flerte com a tirania

Só há uma maneira de reformar o sistema tributário sem criar um modelo de expropriação ilimitada, e essa maneira é a de refletir a representatividade federativa. Qualquer proposta que centralize na União os controles tributários é um flerte com a tirania.

25 SET 2020 A comissão mista de reforma tributária é dominada por jargões e propostas "justiceiras" contrárias a propriedade, renda, poupança e geração de emprego pela iniciativa privada. Consumidor, poupador, empregador, pagador de impostos são sempre os malvados.

4 AGO 2020 Mais um projeto que limita juros está em trâmite no Senado... Cidadão com mais de 50 anos de idade lembra que isso não funciona. E um legislador com mais de 50 não deveria perder tempo propondo por saber por que não funciona. A demagogia se repete.

> **Entenda:** Proposta 1116 do Senado, que limita os juros a 30% ao ano para cartão de crédito e cheque especial, esquece que na era Sarney tabelar preços falhou, e depois, na Constituição de 88, o limite de juros de 12% nunca foi respeitado, pois nem o próprio governo conseguia se financiar.

21 JUL 2020 A proposta do governo que simplifica o PIS [Programa de Integração Social] e a Cofins [Contribuição para o Financiamento da Seguridade Social], a Contribuição sobre Bens e Serviços (CBS), é um modelo de IVA [Imposto sobre o Valor Agregado] Federal que incide no consumo mantendo exceções. Numa primeira análise, por não incluir tributos de estados e municípios, é mais aceitável que as demais.

> **Entenda:** As demais propostas, PEC 45 e 110, são também de modelos IVA com o agravante de que incluem impostos estaduais e municipais, colocando em risco a autonomia dos entes federativos.

21 JUL 2020 Para que haja redução de alíquotas no consumo, é preciso reduzir custos da máquina pública e mudar o perfil tributário, que hoje é mais dependente dos impostos sobre consumo do que dos impostos que incidem sobre a renda. E é aí que moram vários perigos.

> **17 JUL 2020** Impostos, sobretudo os que surgem sob a justificativa de justiça social, servem unicamente para arrecadar mais sem ter qualquer obrigatoriedade e transparência na entrega de serviço público.
>
> 💬 152   🔁 1,6 mil   ♡ 10,1 mil

17 JUL 2020 Criar mais "impostos justiceiros" sobre grandes fortunas, sobre altos salários e sobre dividendos é a ilusão mágica que a esquerda quer propor para fazer "justiça" no sistema tributário. Reduzir os custos do Estado e as alíquotas não tem o mesmo efeito vingativo.

15 JUL 2020 Governo fala em criar mais imposto, pois o Congresso não fala em fazer uma reforma administrativa. Nenhuma proposta de reforma tributária é boa se o poder público é impedido de cortar custos.

> **8 MAI 2020** Melhoria no serviço público não requer, necessariamente, mais dinheiro, mas sim novas políticas e normas. Os políticos que exigem mais impostos do contribuinte geralmente favorecem mais benefícios ao funcionalismo e resistem às reformas que melhorariam os serviços para a sociedade.
>
> 💬 184   🔁 1,8 mil   ♡ 8,9 mil

22 ABR 2020 Votarei contra o Imposto Compulsório (PLP 34) e a favor do Microcrédito (PL 1.282). São dois projetos antagônicos. O primeiro visa retirar R$ 80 bi de liquidez do mercado em crise de liquidez e o outro visa entregar R$ 10 bi em créditos. Se a Câmara fosse um gestor...

11 MAR 2020 O IVA ou IBS [Imposto sobre Bens e Serviços], modelo que domina o debate na comissão de reforma tributária, estabelece alíquota única para todas as classes, setores e estados da federação. Quem sair perdendo, a União corrige com repasses. Isso parece muito com engenharia social e planejamento central. Nada bom.

> **Entenda:** O IVA europeu conta com exceções para setores e regiões. As propostas no Brasil são de alíquota única para tudo em todas as regiões.

30 JAN 2020 A reforma administrativa alivia a discussão e dá mais alternativas para a reforma tributária. Se União, estados e municípios reduzirem custos com pessoal, haverá mais liberdade para a redução de alíquotas de diversos impostos. Alíquota zero equivale a uma reforma tributária.

> **Entenda:** As propostas de reforma tributária em discussão baseadas em modelo IVA são todas onerosas ao consumidor, tiram poder de estados e municípios e criam problemas de transição para todos.

6 NOV 2019 As conquistas do governo nos primeiros 300 dias estão gerando confiança nos investidores. Há sinais inegáveis disso. Os desafios, no curto e no médio prazo, continuarão sendo as reformas. No longo prazo, deverá ser aprofundá-las para sobreviverem aos ciclos eleitorais.

> **20 AGO 2019** Só há uma maneira de reformar o sistema tributário sem criar um modelo de expropriação ilimitada, e essa maneira é a de refletir a representatividade federativa. Qualquer proposta que centralize na União os controles tributários é um flerte com a tirania.
>
> 💬 65   🔁 944   ♡ 5,6 mil

6 AGO 2019 A grosso modo, a União tributa a renda, os estados tributam o consumo e as cidades tributam a propriedade. O primeiro é sempre injusto, o segundo encarece o custo de vida e o terceiro destrói a poupança.

6 AGO 2019 Zerar impostos de importação de vários bens de produção (máquinas e equipamentos) é a melhor notícia para a indústria nacional há mais de 20 anos. Transformar nossa matéria-prima em nosso produto acabado a custos mais próximos aos do mercado internacional é o caminho.

1º AGO 2019 A reforma tributária entra na pauta, mas sem poder contemplar redução de gastos públicos. Sem poder reduzir gastos, não se pode reduzir arrecadação. Por isso, o que chamamos de "reforma tributária" se torna apenas no que pode ser feito: uma "simplificação tributária".

18 JUL 2019 Ao reformar os impostos, seria uma gentileza, para não dizer um dever, informar ao contribuinte que serviços são entregues e quais foram os resultados. Transparência, retorno e eficiência são termos que, se aplicados, calam demagogos e diminuem a burocracia.

💬 90 🔁 1,2 mil ♡ 7,8 mil

25 JUN 2019 Inadimplência batendo recorde e atingindo mais de 5 milhões de pequenas empresas em março deveria ser a prioridade de toda classe política. A reforma tributária precisa ser debatida, e isso seria só o início para começar a resolver o problema.

14 JUN 2019 Depois que o relator fez tantos ajustes na reforma da Previdência, fiquei em dúvida se a proposta ainda pode ser chamada de reforma.

> **Entenda:** O relator foi o deputado federal Samuel Moreira, do PSDB (Partido da Social Democracia Brasileira) de São Paulo.

6 JUN 2019 Na reforma tributária, não existe "imposto solidário ou justo". Em qualquer modelo tributário, por menor que seja a alíquota, uns sempre pagarão mais que outros, proporcionalmente ou nominalmente. A única alíquota "justa" para todos, e em qualquer modelo, é zero.

💬 239 🔁 1,8 mil ♡ 11 mil

19 FEV 2019 Acabo de assinar o Projeto de Lei Complementar 39/2019, que estabelece o regime de transparência tributária para o poder público. Se o cidadão deve explicar ao poder público a origem de seus rendimentos, então a mesma condição deve se estender ao Estado.

> **14 AGO 2018** Todo brasileiro tem o direito de acumular o fruto de seu trabalho honesto, sem qualquer limite ou condição, e tem a liberdade de alocar seu patrimônio a qualquer pessoa, entidade ou atividade lícita. Pelo andar da carruagem, teremos de garantir isso em legislação.
>
> 💬 100   🔁 1,8 mil   ♡ 8,2 mil

20 JUL 2018 Recebi a notícia de que faltam caminhoneiros nos EUA e que isso pode se tornar um problema. É apenas um dos sinais da boa saúde econômica de lá. Sim, reduzir impostos tem esse "defeito" de gerar riqueza e oportunidades de maneira "desigual".

GRÁFICO 1 **Taxas de impostos de renda por estado**

Principais taxas marginais de imposto de renda individual, 2018

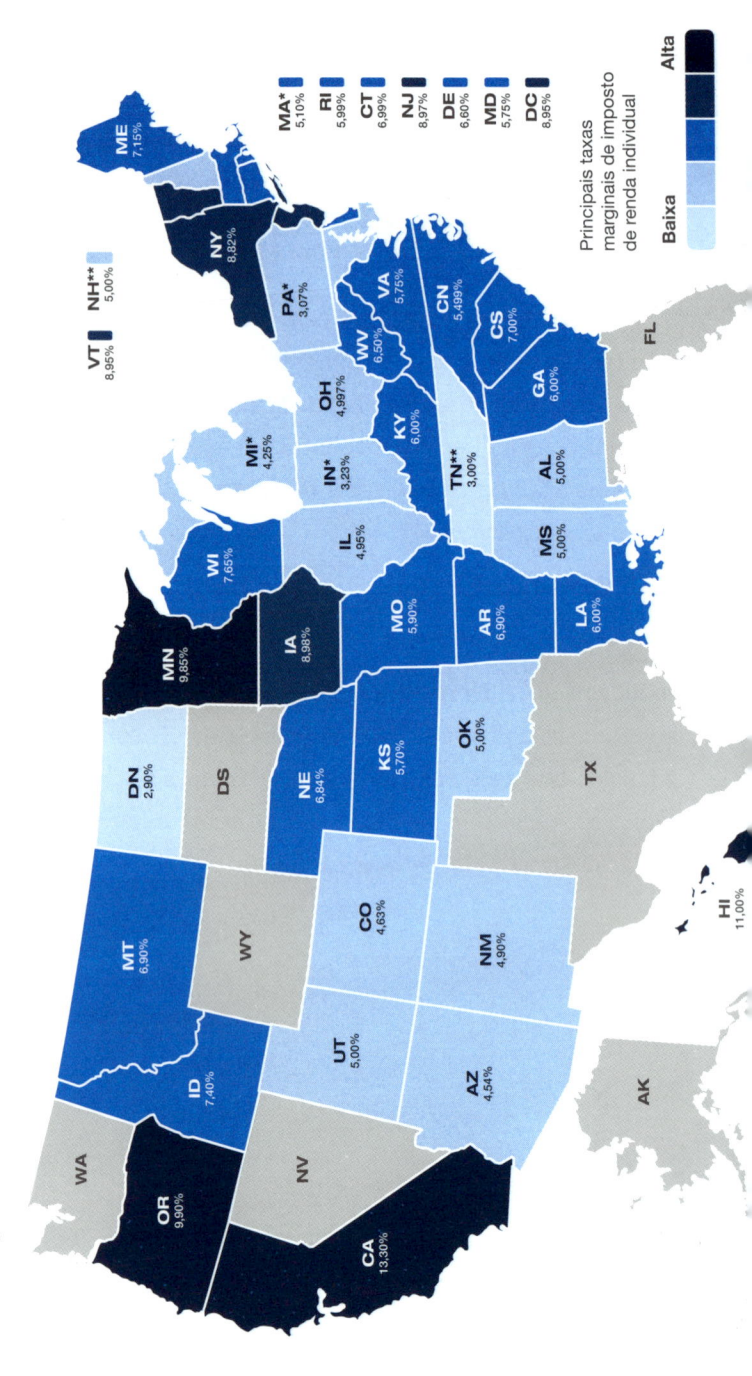

ME	7,15%
NY	8,82%
VT	8,95%
NH**	5,00%
PA*	3,07%
WV	6,50%
VA	5,75%
CN	5,499%
CS	7,00%
GA	6,00%
MI*	4,25%
OH	4,997%
IN*	3,23%
KY	6,00%
TN**	3,00%
AL	5,00%
WI	7,65%
IL	4,95%
MS	5,00%
MN	9,85%
IA	8,98%
MO	5,90%
AR	6,90%
LA	6,00%
DN	2,90%
DS	—
NE	6,84%
KS	5,70%
OK	5,00%
TX	—
MT	6,90%
WY	—
CO	4,63%
NM	4,90%
ID	7,40%
UT	5,00%
AZ	4,54%
WA	—
NV	—
OR	9,90%
CA	13,30%
AK	—
HI	11,00%
FL	—
MA*	5,10%
RI	5,99%
CT	6,99%
NJ	8,97%
DE	6,60%
MD	5,75%
DC	8,95%

Principais taxas marginais de imposto de renda individual — Baixa / Alta

100 · #antesqueapaguem

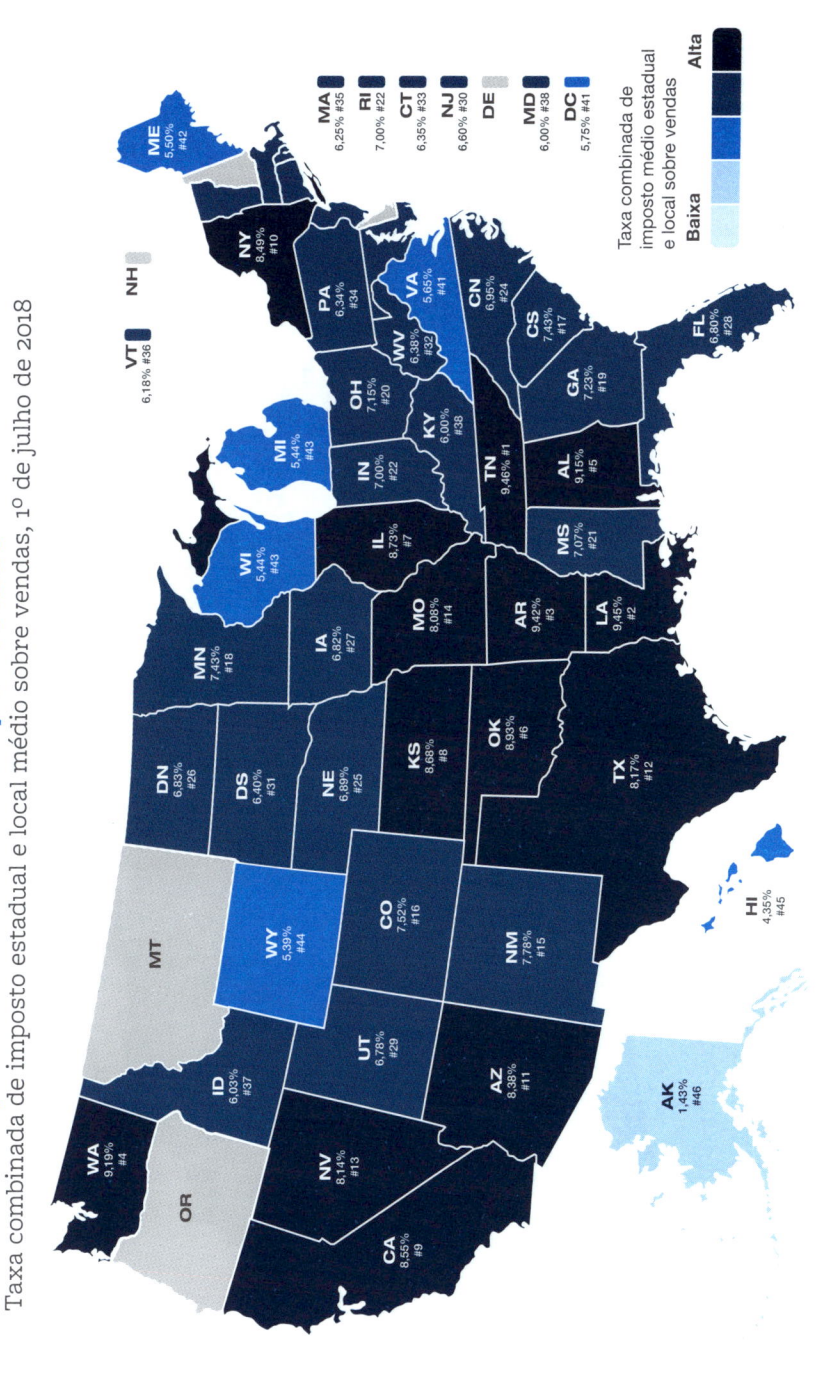

GRÁFICO 2 — Impostos sobre vendas por estado

Taxa combinada de imposto estadual e local médio sobre vendas, 1º de julho de 2018

Taxa combinada de imposto médio estadual e local sobre vendas (Baixa → Alta)

Estado	Taxa	Rank
TN	9,46%	#1
LA	9,45%	#2
AR	9,42%	#3
WA	9,19%	#4
AL	9,15%	#5
OK	8,93%	#6
IL	8,73%	#7
KS	8,68%	#8
CA	8,55%	#9
NY	8,49%	#10
AZ	8,38%	#11
TX	8,17%	#12
NV	8,14%	#13
MO	8,08%	#14
NM	7,78%	#15
CO	7,52%	#16
CS	7,43%	#17
MN	7,43%	#18
GA	7,23%	#19
OH	7,15%	#20
MS	7,07%	#21
RI	7,00%	#22
IN	7,00%	#22
CN	6,95%	#24
NE	6,89%	#25
DN	6,83%	#26
IA	6,82%	#27
FL	6,80%	#28
UT	6,78%	#29
NJ	6,60%	#30
DS	6,40%	#31
WV	6,38%	#32
CT	6,35%	#33
PA	6,34%	#34
MA	6,25%	#35
VT	6,18%	#36
ID	6,03%	#37
MD	6,00%	#38
KY	6,00%	#38
DC	5,75%	#41
VA	5,65%	#41
ME	5,50%	#42
MI	5,44%	#43
WI	5,44%	#43
WY	5,39%	#44
HI	4,35%	#45
AK	1,43%	#46

DE, NH, MT, OR — sem dados destacados

GRÁFICO 3 · Impostos sobre propriedade por estado

Taxas de imposto efetivas significativas sobre propriedade em habitações ocupadas pelo proprietário

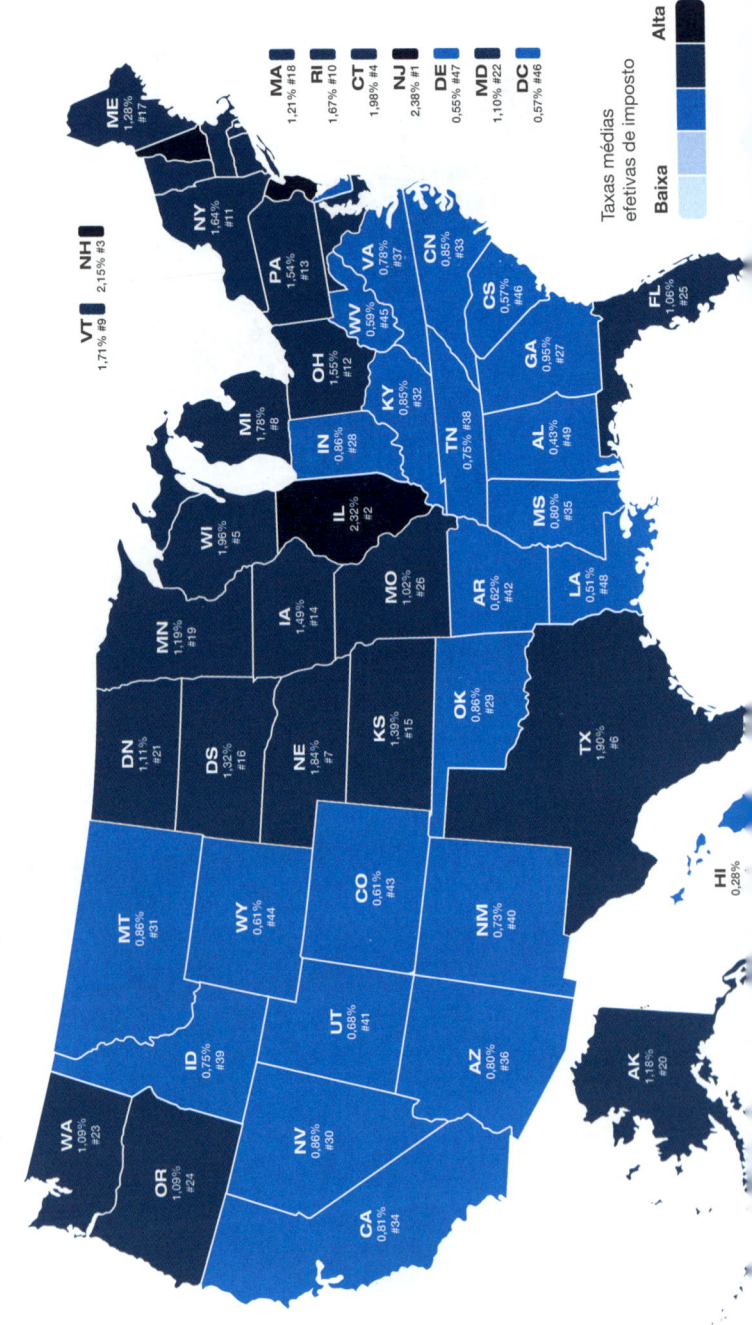

Estado	Taxa	Ranking
ME	1,23%	#17
NH	2,15%	#3
VT	1,71%	#9
NY	1,64%	#11
PA	1,54%	#13
MA	1,21%	#18
RI	1,67%	#10
CT	1,98%	#4
NJ	2,38%	#1
DE	0,55%	#47
MD	1,10%	#22
DC	0,57%	#46
VA	0,78%	#37
WV	0,59%	#45
OH	1,55%	#12
MI	1,78%	#8
IN	0,86%	#28
KY	0,85%	#32
NC	0,85%	#33
SC	0,57%	#46
GA	0,95%	#27
FL	1,06%	#25
TN	0,75%	#38
AL	0,43%	#49
MS	0,80%	#35
LA	0,51%	#48
AR	0,62%	#42
MO	1,02%	#26
IL	2,32%	#2
WI	1,96%	#5
IA	1,49%	#14
MN	1,19%	#19
ND	1,11%	#21
SD	1,32%	#16
NE	1,84%	#7
KS	1,39%	#15
OK	0,86%	#29
TX	1,90%	#6
MT	0,86%	#31
WY	0,61%	#44
CO	0,61%	#43
NM	0,73%	#40
ID	0,75%	#39
UT	0,68%	#41
AZ	0,80%	#36
WA	1,09%	#23
OR	1,09%	#24
NV	0,86%	#30
CA	0,81%	#34
AK	1,18%	#20
HI	0,28%	—

Taxas médias efetivas de imposto: Baixa → Alta

GRÁFICO 1

Nota: (*) O estado tem imposto de renda fixo (**) O estado apenas taxa receita de juros e dividendos. O mapa mostra as principais taxas marginais: a taxa legal máxima em cada estado. Esse mapa não mostra a taxa de imposto marginal efetiva, o que incluiria os efeitos da eliminação progressiva de várias preferências fiscais. Impostos de renda locais não estão incluídos.

Fonte: Tax Foundation; estatutos, formulários e manuais fiscais estaduais; Bloomberg BNA.

GRÁFICO 2

Nota: As taxas de cidade, país e município variam. Essas taxas são ponderadas pela população para calcular uma média das taxas de impostos locais. Três estados arrecadam impostos obrigatórios sobre vendas adicionais em todo o seu território: Califórnia (1,25%), Utah (1,25%) e Virgínia (1%); nós incluímos esses dados em suas taxas estaduais sobre vendas. As taxas sobre vendas no Havaí, Novo México, Dakota do Norte e Dakota do Sul têm amplas bases que incluem vários serviços. Este mapa não inclui taxas de impostos sobre venda em áreas de resorts locais em Montana. Salem County não está sujeito à taxa de imposto sobre vendas do estado e cobra uma taxa local de 3,3125%. A pontuação média local de Nova Jersey é representada como negativa.

Fonte: Câmara de Compensação de Impostos sobre Vendas; cálculos da Tax Foundation; sites do Departamento de Receita Estadual.

GRÁFICO 3

Nota: Os números neste mapa são taxas médias efetivas de imposto sobre propriedade de moradias ocupadas pelos proprietários (impostos reais totais pagos divididos pelo valor total da casa). Como resultado, os dados excluem os impostos de propriedade pagos por empresas, locatários e outros. A classificação de D.C. não afeta as classificações de outros estados, mas a figura entre parênteses indica onde ela seria classificada se incluída.

Fonte: U.S. Census Bureau; Tax Foundation.

Reforma de Alinhamento Tributário – A opção do progresso

No sistema tributário federal dos Estados Unidos, três itens principais são taxados: o consumo, a propriedade e a renda. De uma maneira ou de outra, eles sofrem tributação também nos níveis estadual e municipal.

No Brasil, esses três itens são tributados exclusivamente pela União (federal). Os estados tributam majoritariamente o consumo, e os municípios, a propriedade.

Nosso modelo tributário atual não é similar a nenhum outro, mas, se fôssemos identificar algum sistema mais próximo, seria o dos Estados Unidos. Há dois pontos fundamentais nessa convergência: a dinâmica da diversidade federativa e o controle na tomada de decisões. Explico.

No modelo norte-americano, à exceção dos impostos federais, que são impositivos e irrevogáveis, estados e municípios definem quais tributos e alíquotas incidirão e como isso será feito.

Lá, não há padrão, alguns estados dependem mais de tributos sobre a renda, outros dependem de tributos sobre a propriedade, outros sobre consumo e há, ainda, os que arrecadam sobre essas três instâncias. Cada um equilibra suas contas como bem entende. O fundamental nesse modelo é que quem define e controla os tributos são os próprios estados e municípios. Nada é centralizado, a não ser os impostos federais.

O curioso é que, ao longo do tempo, os estados têm adotado modelos tributários e alíquotas similares, voluntariamente. Hoje, o IR [Imposto de Renda] estadual nos Estados Unidos varia entre zero e 13%, os tributos sobre propriedade entre zero e 2% e o imposto sobre consumo entre zero e 9,5%. Os municípios seguem normatização similar.

Enquanto nos Estados Unidos cada estado e município coleta o que é de seu interesse para atender às suas necessidades, no nosso modelo a União faz a maior parte da arrecadação de impostos e, depois, repassa a fundos de participação estaduais e municipais. Viver em uma organização federativa significa que o poder não é todo centralizado no governo federal e que os estados e municípios possuem governo próprio e autonomia relativa aos seus assuntos locais que deveria incluir tributos.

Sobre as propostas de reforma tributária que circulam no Congresso Nacional, a do Imposto Único e a do IVA oferecem uma opção diferente do atual sistema. O Imposto Único consolida vários impostos federais, como o Imposto de Renda de Pessoa Física e Jurídica – IRPF e IRPJ –, IPI [Imposto sobre Produto Industrializado], IOF [Imposto sobre Operações Financeiras], Cofins, CSLL [Contribuição Social sobre o Lucro Líquido], contribuição patronal ao INSS [Instituto Nacional do Seguro Social], entre outros, e é cobrado sobre todas as transações financeiras (não discriminando as transações sobre consumo, investimento ou pagamento de despesas).

Já o IVA consolida os maiores tributos federais, estaduais e municipais, que incidem somente sobre o consumo (IPI, PIS, Cofins, ICMS [Imposto sobre Circulação de Mercadorias e Serviços] e ISS).

Ambos os modelos são novos e enfrentarão resistências legítimas: o Imposto Único, por não dar a transparência necessária em relação ao imposto embutido; e o IVA, por centralizar controle de impostos estaduais e municipais e definir uma alíquota para todo o país, o que pode afetar o poder de consumo em estados mais pobres.

Do ponto de vista político, questiono se não seria mais fácil simplificar o modelo brasileiro, a exemplo da arquitetura original dos Estados Unidos, com algumas melhorias. Mas como implementar? Basicamente, adotando três medidas principais. Dessa forma, seria feita uma reforma que atenderia ao apelo pela simplificação tributária. Eliminaríamos as resistências sobre as propostas na Mesa do Congresso, aumentaríamos a competitividade do sistema tributário sobre o atual, reduziríamos a dependência sobre impostos regressivos de consumo, combateríamos e eliminaríamos questões de centralização excessiva do sistema tributário.

A primeira medida seria permitir que estados e municípios brasileiros pudessem tributar sobre renda, consumo e propriedade para equilibrarem suas contas da maneira que lhes aprouvesse. Alguns municípios têm inadimplência recorde no pagamento de IPTU [Imposto Predial e Territorial Urbano] e passam a depender de outras taxas para manter serviços públicos. Mais alavancas tributárias facilitariam o equilíbrio fiscal.

A segunda medida seria evitar o efeito cascata de impostos, limitando-os sobre o consumo somente para venda ao consumidor final no estado de destino, desonerando a cadeia produtiva. Com essa medida, o principal benefício do IVA se destinaria ao produtor, mas ainda seria positivo para o consumidor final, pois a alíquota sobre o consumo seria definida por estados e municípios. Com o IVA, o produtor se credita de impostos pagos pelos insumos de produção, mas precisa manter notas fiscais e uma conta de reconciliação. No modelo aqui proposto, o produtor não pagaria impostos de consumo por lei, evitando a necessidade de rastrear seus débitos e créditos tributários.

A terceira e última medida seria a simplificação das categorias tributárias e a revogação de impostos em todos os níveis, o que daria mais transparência para todo o sistema político e para a sociedade. Todos os impostos seriam classificados de acordo com três categorias (consumo, renda e propriedade). A sociedade e seus representantes podem determinar com maior clareza como equacionar o financiamento de serviços públicos.

É necessário observar que qualquer nova introdução de modelo tributário gera uma série de problemas de transição com o sistema vigente. Por vezes, essas questões não são diretamente interligadas, mas podem afetar o processo decisório e sua implementação. Simplificar o modelo brasileiro atual e aproximá-lo do modelo de sucesso americano é uma opção que ainda não foi debatida – e precisa ser.

(Reforma de Alinhamento Tributário: A opção do progresso – 12 de fevereiro de 2020).

Burocracia central é cultural?

A Constituição norte-americana foi criada com a intenção de limitar o tamanho da burocracia e o poder do governo central. Ressalto aqui dois dos artigos dessa Constituição, pois evitam a criação de um Estado gigantesco, centralizado e autocrático como o nosso.

Se tivéssemos esses dois artigos na nossa Constituição de 1988, não estaríamos hoje convivendo com tamanha inépcia da burocracia central. São eles:

1 – *"Article IX: The enumeration in the Constitution, of certain rights, shall not be construed to deny or disparage others retained by the people."*

["Artigo IX: A enumeração na Constituição de certos direitos não deve ser interpretada a negar ou menosprezar outros direitos retidos pelo povo." (Tradução livre)]

Refere-se aos direitos individuais naturais que não foram listados na Constituição. Menciona que não cabe à União se apropriar e legislar sobre eles. Vale dizer que os direitos listados na Constituição dos Estados Unidos são poucos: direito de ir e vir, de associação, de culto, de livre expressão, de defesa pessoal, de propriedade privada, habeas corpus, ao voto, à cidadania e de igual tratamento perante as leis. Outros diversos direitos listados na Constituição brasileira não são direitos naturais e foram efetivamente apropriados e regulamentados pelo governo central do Brasil.

2 – *"Article X: The powers not delegated to the United States by the Constitution, nor prohibited by it to the States, are reserved to the States respectively, or to the people."*
["Artigo X: Os poderes que não são delegados aos Estados Unidos pela Constituição, nem por ela proibidos aos Estados, são reservados aos Estados, respectivamente, ou ao povo." (Tradução livre)]

Esse artigo garante o federalismo. Os poderes não delegados e não negados a União, através da Constituição, são reservados aos estados membros e ao povo. Note a abrangência da linguagem usada para evitar apropriações de competência pelo poder central.

Quando algum "professor" mencionar que o problema da burocracia do Brasil é cultural, você já sabe como contra-argumentar.

CONSTITUIÇÃO

Constituição: mais vilã que cidadã

Precisamos de uma mudança constitucional mais urgentemente que uma mudança cultural. A Constituição Federal deve ser revista, deixando ao Estado apenas o que deve ser essencial para a segurança, a justiça e a ordem política, e delegando à sociedade, aos estados e aos municípios a administração do resto.

> **5 DEZ 2020** A Constituição foi malfeita, pois criou várias entidades que a violam, e esqueceu de criar uma que a defenda.
>
> 💬 802   🔁 4,2 mil   ♡ 29,5 mil

26 OUT 2020 É necessário alterar a Constituição para criar um Estado Social? Claro que não. Todos os institutos de bem-estar social podem ser mantidos em lei, facilitando ajustes futuros. Engessar tudo na Constituição é garantir desequilíbrio e reformas constantes. O Brasil é exemplo disso.

28 SET 2020 Travando o financiamento e alocações do Fundeb [Fundo de Manutenção e Desenvolvimento da Educação Básica], do SUS [Sistema Único de Saúde], do Renda Brasil e da Previdência na Constituição, não haverá como ajustá-los, nem espaço para outras políticas públicas: insustentabilidade garantida. Restará a dúvida de que eleger representantes ainda será necessário.

27 JUL 2020 Colocar programas assistencialistas e de governo na Constituição é ruim para o Brasil. Alerta aos cidadãos, pois sempre usam as falsas desculpas de que é "pelos mais carentes, pela educação, pela saúde etc.", para esconder os esquemas que continuam corroendo o Brasil.

23 JUL 2020 A PEC do Fundeb petrificou um modelo de financiamento de ensino básico, repleto de interesses de classe e corporativistas, permanentemente na Constituição. Poderia ter sido discutida sua renovação por prazo determinado para que fosse ajustada à medida que os métodos evoluem...

3 JUL 2020 O perigo está na origem. O tamanho do poder do STF de hoje vem desde a Constituição de 1988. A diferença é que o STF não o exercia de forma ativa e contundente como agora, pois os presidentes anteriores seguiam a mesma ideologia dos ministros.

> **4 JUN 2020** A Constituição de 1824 era clara no que o poder moderador podia fazer, quando e como agiria pela harmonia dos poderes e pela conduta de juízes. O artigo 142 da CF [Constituição Federal] de 1988 diz que cabe às FA [Forças Armadas] a garantia dos poderes constitucionais, da lei e da ordem, mas é vago em dizer quando e como.
>
> 💬 154   🔁 589   ♡ 3,4 mil

3 DEZ 2019 Querem perenizar o Bolsa-Família na Constituição. Por que não deixar o programa funcionando em lei como é hoje? Por que não transferir a competência desse plano para estados e municípios? Qual melhoria [inconstitucionalizar para a] entrega dos benefícios? Há muita demagogia dominando os deputados.

1º JUN 2019 Lançamos uma emenda à Constituição que garante a sua propriedade privada. O direito à propriedade no Brasil é ameaçado por vários termos e devaneios de políticos de todas as esferas. Essa é uma garantia de base que contribui para a estabilidade social e econômica.

3 MAI 2019 Muito do que represento não está na Constituição. Toda alteração na Constituição deve obedecer a um processo constitucional. Mas o conteúdo da alteração pode ser novo. Se tudo o que eu tenho a propor já estivesse na Constituição, eu não precisaria de mandato.

5 FEV 2019 Hoje formalizamos uma emenda constitucional que dá poder ao cidadão para remover políticos dos quais perdeu confiança. Vulgo *"recall* de mandato".

> **Entenda:** Foi o primeiro projeto que submeti no início do meu mandato. O sistema político é fechado, e há poucos recursos para o eleitor poder mudar de ideia e/ou limitar a quem ele cedeu o mandato.

7 AGO 2018 Toda grande civilização surgiu com cultura de forte base religiosa e uma elite consciente capaz de transmitir os valores da religião. A análise crítica desses valores leva ao niilismo destruidor dos fundamentos místicos e transcendentais que enfraquecem toda a sociedade.

---

2 AGO 2018 O Brasil produziu 7 constituições entre 1824 e 1988, esta última batizada como a "Constituição Cidadã". Criou-se o mito de que a cada nova Constituição o brasileiro se tornava mais livre. Errado, pois a cada nova Constituição o Estado tornou-se maior e o brasileiro menos livre.

💬 87   🔁 1,4 mil   ♡ 4,5 mil

Mais vilã que cidadã

A chamada "Constituição cidadã" foi amplamente festejada entre os anos de 1986 e 1988, fruto de uma assembleia constituinte muito bem paga pelos impostos dos contribuintes. E teve o apoio de setores da sociedade que nem imaginavam as consequências de cada vírgula do texto, que foge completamente do que se entende por cidadania. Listei, aqui, pelo menos 28 pontos que, de forma evidente, invalidam sua adoção:

1. Não valoriza o cidadão brasileiro, insistentemente rotulando sua atuação por grupos de interesse;

2. cria privilégios e foros para determinados grupos;

3. fortalece corporações vinculadas ao poder público;

4. reforça pleitos, muitas vezes ilegítimos, de supostas minorias em detrimento do cidadão/eleitor/contribuinte, ou seja, daquele que está em dia com a sociedade e com o Estado;

5. prevê excessivas regulamentação e burocratização, o que restringe e mesmo impede o exercício de liberdades (de empreender, de escolha, de ir e vir, de associação etc.);

6. não coloca o indivíduo como detentor de deveres, por isso o exime de responsabilidades, fortalecendo o Estado burocrático;

7. é esquizofrênica – permite e proíbe o mesmo tema, um paradoxo que dificilmente se desfaz, mesmo diante da mais aplicada leitura;

8. intervém em todas as áreas da atividade humana, sem necessidade;

9. intervém em profundidade – cria ambiguidades e divisão mesmo entre grupos e pessoas próximos e afins;

10. não capacita os estados. De caráter centralizador, faz estados e municípios dependentes da União;

11. cria direitos sem obrigações;

12. apresenta tendência coletivista e cria monopólios de Estado;

13. permite ação livre de agências reguladoras, cujos membros não foram eleitos nem cumprem papel fiscalizador, mas agem em defesa de grandes lobbies, em detrimento dos pequenos concorrentes, perpetuando oligopólios;

14. os poderes da União não estão definidos nem arranjados de forma a garantir estabilidade;

15. é a mais longa Constituição do Ocidente, a terceira mais longa do mundo;

16. é fácil de emendar e difícil de ajustar. A cada emenda, assuntos que deveriam ser tratados em lei são "engessados" na Constituição, quase petrificados;

17. cria conflito: estado de direito *versus* democracia. Abre espaço para as interpretações mais criativas pelo Judiciário, fugindo do propósito original da redação dos artigos;

18. efetivamente governa o país. É um texto que demonstra não confiar nos governos locais nem na sociedade;

19. é fiscalmente insustentável – cria despesas obrigatórias em várias áreas. Ajustes, só com reformas que esperarão uma eternidade para serem aprovadas;

20. enfraquece o país no âmbito das relações exteriores, sobretudo no tocante aos tratados de "direitos humanos", colocando-os acima das leis internas, ferindo a soberania;

21. fortalece o domínio de grupos de oligarquias de toda sorte, estabelecendo quase um estado sindical;

22. viola direitos individuais em nome de direitos coletivos ou da vontade de governos e de burocracia de Estado;

23. a Constituição que aí está não é a mesma de 1988, pois sofreu mais de cem emendas;

24. foi criada para atender os grupos de interesse na Constituinte, que queriam apenas garantir seus direitos no texto, e não escrever verdadeiramente uma Constituição para o país. Cada um quis tornar constitucional o seu interesse, independentemente de se tratar de matéria que merecesse tratamento constitucional ou legal;

25. vários artigos são pensados para o modelo parlamentarista, mas, como o país adotou o presidencialismo, o texto traz várias distorções para o sistema;

26. estabelece voto proporcional para o Poder Legislativo, que não assegura governabilidade e leva à subrepresentação de alguns estados e super-representação de outros;

27. os direitos trabalhistas estabelecidos criaram uma justiça trabalhista paralela à justiça comum, onerando o cidadão, gerando privilégios e parcialidade;

28. relativizou todos os direitos individuais.

Nossa Constituição não só garante a procrastinação judiciária, como também a eterna impunidade. Por ser tão extensa, tão dúbia, cria uma casta de magistrados e advogados que se valem de lacunas e da complexidade para corromper a ordem e a justiça, legislar em causa própria e proteger grupos que a levam ao poder. Se, ainda assim, alguém acredita que basta seguir a Constituição para que a sociedade brasileira se livre dos males que hoje minam o nosso desenvolvimento, recomendo que leia outros modelos de constituição, para comparação. Todas as cartas magnas de países estáveis e desenvolvidos têm algo em comum: uma constituição enxuta e que vigora há muitos anos. Ao todo, o Brasil já teve sete constituições, e a que mais durou foi a de 1824, que teve apenas uma emenda em 1830, vigorando até 1891, não por acaso o período de maior estabilidade do país.

(Mais vilã que cidadã – 23 de outubro de 2020).

A lição de Licurgo

Licurgo de Esparta viveu em cerca de 800 a.C. Foi o legislador mais influente de todos os tempos. Antes de Licurgo, Esparta não era tão diferente das demais cidades-estado da Grécia antiga. Mas, depois de Licurgo, Esparta tornou-se a referência de como organizar os poderes políticos de um país. Seus princípios de organização de Estado serviriam de base para qualquer cidade-estado, nação ou império. Influenciou desde a organização da República Romana na Antiguidade, até a criação dos Estados Unidos na idade contemporânea.

Que princípios? Limitação e separação de poderes, juízes independentes, Forças Armadas profissionais, separação do chefe da guerra e do chefe da administração pública, entre outros. O maior aprendizado passado por Licurgo é provavelmente um mito; a parte verdadeira desse mito é que poucos tinham acesso à Constituição elaborada por Licurgo, pois queriam mantê-la em segredo de seus inimigos. No entanto – e essa parte é possivelmente uma lenda –, Licurgo fazia tanta questão de evitar a tentação dos reis espartanos de alterá-la que pediu juramento de que só poderiam alterar a sua Constituição depois que ele voltasse a Esparta de uma longa viagem da qual nunca retornou, e a estabilidade da carta constitucional ficou preservada enquanto Esparta durou.

Hoje em dia, os poucos países que seguem os princípios de Licurgo têm influência internacional, são estáveis e prósperos e, acima de tudo, representam seus cidadãos internamente e protegem seus interesses nacionais externamente. Os países que não seguem seus princípios vivem na perpétua mediocridade imposta pela instabilidade e pela tirania de sistemas superpresidencialistas como o do Brasil.

Dois é menos e menos é mais

Teopompo e Polidoro, ambos reis de Esparta em 700 a.C., passaram a dividir seus poderes com mais cinco éforos, uma espécie de juiz eleito pelo senado espartano.

A mulher de Teopompo não gostou nada da ideia e a criticou com veemência, pois acreditava que isso significava uma redução de poder de seu amado rei.

Teopompo logo a corrigiu e a informou que o poder é medido não só por limites, mas por tempo. Em limitando e partilhando seus poderes, os reinados durariam por mais tempo, pois seriam menos cobiçados.

Esparta permaneceu politicamente estável e soberana por mais 550 anos, e seu modelo de governo influenciou filósofos e estadistas até os dias de hoje.

Ao resgatarmos alguns aprendizados do passado, teremos o futuro que queremos.

8

INFORMAÇÃO

Desinformação?

Todos os canais de mídia devem ser livres para garantir a democracia, mas nenhum canal de mídia deve concentrar poder e influência o bastante para comandá-la.

29 OUT 2020 Não é novidade que vários canais da grande mídia, aqui e no mundo, tenham se tornado militantes e partidários. Mas talvez a cobertura das eleições nos EUA deste ano seja sua consagração como tal ou encerramento oficial de sua isenção.

29 SET 2020 Em função da nossa mídia e [da] oposição, só prestamos atenção na novela política interna. Se prestássemos mais atenção nos debates e eventos que ocorrem no mundo, o orçamento para nossa segurança e defesa seria a prioridade.

11 AGO 2020 Inverter causa e consequência, vincular assuntos díspares e distorcer proporção são os três métodos mais utilizados pela mídia para controlar a opinião pública... Só quando ela relaxa que o óbvio se torna visível novamente.

25 JUN 2020 Censurar não é só restringir tipos de opinião. Determinar quem pode ter maior ou menor alcance de opinião também é censura. Contate seu senador.

18 JUN 2020 Se o inquérito das *fake news* fosse legal, não haveria necessidade de julgar sua legalidade, pois teria seguido o que está descrito em lei. O que o STF está fazendo é transformar um inquérito ilegal em legal.

> **Entenda:** O inquérito das *fake news* foi criado para apurar ataques ao STF e aos seus ministros feitos por meio de notícias falsas, calúnias e ameaças.

2 JUN 2020 Toda regulamentação diminui opções e liberdades. TODA. Como legislador, determinar quais atividades podemos limitar com regras e quais precisamos deixar totalmente livres, sem nenhuma regra, requer conhecimento e boa-fé. Regulamentar a livre expressão é ignorância ou maldade.

2 JUN 2020 Parlamentares fiéis à máquina de Estado, que só se elegem com dinheiro público, cabos eleitorais profissionais e apoio da Grande Mídia, querem votar a favor do PL 2.630, a lei da censura. Os que votam contra são fiéis à sociedade e confiam na liberdade de expressão.

> **Entenda:** O projeto de lei 2.630/20 prevê novas regras para combater notícias falsas em redes sociais e serviços de mensagens.

29 MAI 2020 Sem livre expressão, a comunicação vira permissão de Estado.

> **30 OUT 2019** Todos os canais de mídia devem ser livres para garantir a democracia, mas nenhum canal de mídia deve concentrar poder e influência o bastante para comandá-la.
>
> ♡ 497   ⇅ 4,5 mil   ♡ 23,6 mil

23 OUT 2019 Hoje, há vários grupos de ativistas na mídia social que compartilham livremente fatos, piadas, ofensas e desinformações sobre pessoas públicas. Mas *fake news*, ou agressões excessivas, não sobrevivem por muito tempo, graças à mediação dos próprios membros e seguidores. Deixemos assim.

28 AGO 2019 Câmara aprova pena de 2 a 8 anos para quem cria e compartilha *fake news*. É o fim da inocência nas redes sociais e o fim do autoajuste das informações. Momento triste. Ao invés de fomentarem a confiança e a liberdade, restauraram a censura.

18 ABR 2019 O juiz supremo [Dias Toffoli] revogou a decisão de censura, mas o arranjo legal que lhe permitiu censurar continua. Em palestras, sempre divulguei que tínhamos um Estado autocrático, à espera de um ditador. Muitos não entenderam. Agradeço ao juiz por ter dado um exemplo do que eu queria dizer.

18 FEV 2019 A boa crítica depende da liberdade total de imprensa. Essa liberdade terá amplo apoio popular se houver jornalistas isentos. Acho que a população até aceita mídia partidária, quando a mesma se afirma como tal. Mas clamar isenção, e não ser, já se tornou inaceitável para muitos.

15 FEV 2019 Todas as ações do novo governo serão criticadas pelo monopólio ideológico da mídia nacional. Para esses, vale perder credibilidade, mas não vale perder a crítica.

> **27 JAN 2019** Hoje em dia, quando vejo jornalistas cobrindo uma tragédia, fica aparente a necessidade de encaixar o fato em uma narrativa política qualquer. E, quando não há encaixe, não vira notícia.
>
> 💬 111   🔁 1,7 mil   ♡ 10,3 mil

16 NOV 2018 Muitos jornalistas sabem que a Venezuela é um Estado falido comandado por uma ditadura. Mas, publicamente, não podem reconhecer isso como problema, pois demonstraria parcialidade contra um regime socialista – e sabem que constatar o problema seria o início de sua resolução.

13 NOV 2018 Os "movimentos sociais" citados pela Grande Mídia são grupos organizados e pagos para agir, a mando de partidos e ONGs, na promoção de agenda política ideológica, antinatural e terrorista. Por isso, não são "sociais". Definir esses grupos como parte da sociedade é *FAKE*.

> **Entenda:** Movimento dos Trabalhadores Rurais Sem Terra (MST), Movimento dos Trabalhadores Sem Teto (MTST), Black Block, Antifa e Central Única dos Trabalhadores (CUT) são alguns exemplos desses movimentos.

31 JUL 2018 Jair Bolsonaro, assim como João Amoêdo antes dele, comprova que o *Roda Viva* se tornou um "*Paredon* de Che Guevara" do jornalismo brasileiro.

> **Entenda:** João Amoêdo e Jair Bolsonaro participaram do programa *Roda Viva* nos dias 21 de maio e 30 de setembro de 2018, respectivamente. "*Paredon* de Che Guevara" é um termo usado para explicar uma execução sumária de pessoas que têm ideologia diferente das ideologias defendidas pelos executores.

Sender Gleiwitz, opinião pública e a mídia livre no Brasil

Na noite de 31 de agosto de 1939, grupos armados da SS alemã (surgiu como guarda pessoal de Adolf Hitler e se tornou uma das maiores organizações nazistas), travestidos de soldados poloneses, realizaram uma série de ataques ao longo da fronteira com a Alemanha.

Dentre cerca de duas dúzias de incidentes daquela fatídica noite, certamente o mais conhecido foi o da torre de rádio alemã de Sender Gleiwitz. O ataque à rádio foi realizado por agentes alemães disfarçados de nacionalistas poloneses. Em decorrência dessas duas dúzias de ataques, Hitler ordenou, na manhã do dia 1º de setembro, o dia seguinte, a invasão da Polônia. Foi o que fez eclodir a Segunda Guerra Mundial.

A Gestapo (polícia secreta nazista) chegou ao ponto de matar alemães antinazistas da região para usar seus corpos como falsa evidência de que uma agressão polonesa maior estava por vir. A legenda de uma foto de um jornal da época diz: "Representantes da imprensa estrangeira convencem a si mesmos, na hora, das atrocidades polonesas cometidas contra minorias alemãs".

Para o ativista de plantão, fica óbvio o paralelo desse incidente com o incêndio do Reichtag (prédio do Parlamento alemão), em 1933. A criação de uma falsa crise para se obter uma reação imediata não é novidade, e serviu de modelo para vários atos subversivos dos revolucionários vermelhos no mundo todo desde então.

Mas a pergunta que todo analista deve fazer é a seguinte: se a Alemanha já vivia uma ditadura absolutista, por que se deram ao trabalho de criar um falso ataque para justificar a invasão da Polônia no dia seguinte? Por que não, simplesmente, invadir a Polônia, como era o desejo de Hitler e outros do Partido dos Trabalhadores alemão? A resposta simples é: por causa da "opinião pública". Sim, mesmo em uma ditadura, a opinião pública é relevante.

Numa ditadura, a opinião pública é conduzida por propaganda política. Quando não alimentada de fatos e versões através da mídia controlada, a opinião pública forma sua própria versão dos eventos, e isso é perigoso para os regimes.

Quanto mais autoritário o regime, maior o volume de propaganda política controlada pelo Estado. Um regime naturalmente legítimo, mesmo que não democrático, não requer qualquer propaganda política e a mídia não é controlada por nenhuma agência de Estado. Lembrando que há mais fatores, e não só a democracia, que dão legitimidade a um governo.

Pois bem, considerando essa importante lição, vejamos o Brasil de hoje:

Nossa mídia depende de permissões para operar através de concessões do Estado; nossa mídia é financiada através do BNDES e demais bancos do Estado; nossa mídia é beneficiada através de estatais com fartas receitas que garantem seu sustento.

A propaganda de Estado, num modelo como esse, é óbvia. Não é à toa que o governo anterior despejava milhões em dinheiro do contribuinte em revistas, jornais e *blogs* simpáticos ao partido. Em suma, não há no Brasil algo que possa ser denominado como mídia livre. Há, em nosso país, apenas mídia controlada e dependente do Estado. Desarticular esse modelo de mídia nacional socialista é um pré-requisito para o Brasil do século XXI. Não fazer nada a respeito é preservar os maus exemplos do século XX.

(Sender Gleiwitz, opinião pública e a mídia livre no Brasil – 2 de dezembro de 2018).

TRUMP

Trump Way of Life

Brasileiros cheios de ideologia ficam indignados ao ver um governo mais limitado, menos capaz de cumprir sua função de distribuir renda "aos mais carentes" via planos nacionais. Pois bem. O sistema norte-americano não se presta a essa linha de pensamento.

22 DEZ 2020 Os donos de restaurantes da cidade de Nova York se uniram e baniram permanentemente o governador Cuomo. É uma reação pequena relativa ao prejuízo, mas não reagir é pior.

> **Entenda:** Reação à medida do governador, que voltou a proibir os restaurantes de servirem refeições em ambientes fechados devido à alta nas hospitalizações por Covid-19.

21 NOV 2020 As recentes denúncias, que geraram a crise no sistema eleitoral norte-americano, já geraram mudanças: urnas eletrônicas por lá irão imprimir comprovantes em papel. Vivemos essa mesma crise no Brasil desde 2014 sem nenhum sinal de mudança.

14 NOV 2020 Antes de ter se consagrado como um dos melhores prefeitos da história de Nova York, @RudyGiuliani era advogado herói por ter encarado a Máfia de sua época. Agora ele está colocando a Smartmatic em julgamento público e na suprema corte. Isso é de interesse do eleitor brasileiro.

> **Entenda:** A Smartmatic é uma empresa norte-americana que constrói e implementa sistemas de votação eletrônica.

> **12 NOV 2020** Sistemas eleitorais não são sinônimos de democracia. Só o voto presencial em praça pública é inviolável. Os demais modelos são meras tentativas de representar a vontade popular em larga escala. Não questionar o sistema eleitoral reforça o manto sob o qual toda fraude prospera.
>
> 💬 248   🔁 2,5 mil   ♡ 13,7 mil

6 NOV 2020 Que medo é esse do Brasil ficar isolado? Sempre estivemos isolados. Mesmo assim, já ajudamos vários países em seus objetivos e até já aceitamos agendas políticas de organizações internacionais. Não corremos o risco de perder aliados que nos defendem, pois esses, nós nunca tivemos.

> **5 NOV 2020** Nenhum sistema eleitoral é blindado contra fraudes, e por isso países com transparência têm a humildade de permitir contestar resultados eleitorais e auditá-los. No Brasil, parece que não é necessária essa transparência toda, pois nosso TSE tem tudo sob controle...
>
> 💬 655   🔁 3,6 mil   ♡ 20,8 mil

18 SET 2020 Em 2020, cidadãos nos EUA iniciaram *recall* de mandato de 13 governadores, 4 deputados estaduais, 15 prefeitos, 10 vereadores, 6 procuradores, 10 assembleias e 15 conselhos escolares (inteiros!). Enquanto isso, o cidadão no Brasil aguarda a máquina de Estado se autolimpar.

> **23 FEV 2020** Os Democratas dos EUA nasceram libertários, mas, em meados do século XIX, defenderam a escravatura. No século XX, mantiveram-se liberais, mas adotaram políticas progressistas. No século XXI, são progressistas que querem adotar medidas socialistas. A deterioração foi sua única constante.
>
> 💬 177   🔁 2,7 mil   ♡ 13,7 mil

5 FEV 2020 No discurso do Donald Trump agora há pouco, vale ressaltar um comentário que acredito ser universal: "Nenhuma criança deve ser obrigada a participar do ensino estatal fracassado". Concordo. Ter liberdade é ter escolha, e ambos são inimigos da incompetência.

> **Entenda:** O discurso do Estado da União, que defende a educação familiar, é um relatório anual apresentado pelo presidente ao Congresso dos Estados Unidos.

5 FEV 2020 Ano passado, nas eleições para o Parlamento europeu, assim como nas eleições gerais para o Parlamento inglês, os socialistas implodiram suas bancadas. Se o partido democrata dos EUA escolher um candidato da ala socialista radical, assistiremos ao mesmo espetáculo este ano.

9 JAN 2020 O que escutávamos em grupos de comunicação, agora é notícia. Parece que houve conversas paralelas entre EUA e Irã para ambos os lados saírem vitoriosos. Do lado americano, um terrorista é eliminado; do lado iraniano, um rival político sai de cena, mas o país mostra que sabe lutar.

> **Entenda:** Sobre o assassinato do general Qasem Soleimani, chefe da Força Quds do Irã.

3 JAN 2020 Qual o poder de resposta do Irã? Nada além do terrorismo que já estavam planejando. Eles não têm capacidade para escalar o episódio da morte de um de seus generais para um conflito. O maior inimigo dos EUA é interno, e é o mesmo que temos aqui no Brasil.

18 DEZ 2019 A Câmara de Deputados dos EUA, controlada pelos democratas, votou agora pelo impeachment do Donald Trump. O impeachment não deve passar no Senado, pois este é controlado pelos republicanos. Desde que os democratas assumiram a liderança na Câmara, buscam razões para o impeachment. Acharam?

19 DEZ 2020 Pesquisa do Instituto Gallup divulgada hoje pela manhã: "O apoio ao governo do presidente dos EUA subiu de 39% para 45% desde que o processo foi iniciado no Congresso, e a rejeição ao seu impeachment pulou de 46% para 51%".

> **Entenda:** Mesmo com a impopularidade crescente da ideia de impeachment, ele passou na Câmara liderada por democratas, mas foi rejeitado no Senado liderado por republicanos.

2 DEZ 2020 Donald Trump sabe negociar e negocia no melhor estilo do Ocidente: não teme conflito nem competição. Nossa mentalidade coletivista nos limita a pensarmos no comum para todos, e por isso nunca atingimos o que é o melhor para nós.

5 AGO 2019 Richard Nixon queria democratizar a China via abertura dos EUA ao comércio com os chineses. Depois de 30 anos, o regime chinês continua ditatorial. Talvez, via uma crise comercial profunda, haja mudança política, mesmo que nenhum desses seja objetivo do Donald Trump.

29 OUT 2018 Se o Donald Trump soubesse o quanto o Brasil é importante para a China, seria o primeiro a reservar lugar na posse.

> **Entenda:** Refere-se à posse do presidente Jair Messias Bolsonaro.

O lado liberal de Donald Trump

Muitos brasileiros não gostam do Donald Trump, portanto poucos sabem o que ele fez nos Estados Unidos que merece nossa atenção. Donald Trump propôs um plano de redução de impostos, tanto para pessoas físicas como jurídicas. O objetivo seria não só a atração de geradores de riqueza para os EUA, mas garantir que por ali eles fiquem, prosperem e poupem.

Há três itens de seu plano que chamam a atenção e poderiam ser copiados integralmente pelo Brasil, para proteger a poupança dos trabalhadores e a classe média brasileira geradora de empregos e oportunidades. Vamos a eles:

1. Deduções de impostos para pessoa física. Antes, um trabalhador solteiro poderia deduzir até US$ 6.300 de sua renda. A proposta é que isso aumente para US$ 25 mil! Isso mesmo. Considerando que a renda *per capita* nos EUA é de cerca de US$ 50 mil por ano, alguns americanos serão tributados em somente a metade de seu rendimento. Como se isso já não fosse bom o bastante, a metade tributada terá uma tarifa máxima de 25%, quando antes a máxima chegava a 39%. Para entender o que isso pode significar, num cenário hipotético, um trabalhador com salário de US$ 50 mil por ano, que qualifique US$ 25 mil em deduções, pagaria somente US$ 6 mil de IR, ou seja, 25% sobre os US$ 25 mil de rendimentos tributáveis.

Isso equivale a uma taxa efetiva de IR de menos de 8%. Para uma família, essa dedução é o dobro: isso mesmo, até US$ 50 mil por ano dedutíveis do IR! Significa mais poupança e poder de consumo na mão das famílias, e menos poupança e poder na mão do governo e da burocracia norte-americana.

2. Zerou a taxa sobre herança e doações. Não há lógica que sustente o argumento dos impostos sobre herança e doações para filhos. Essa taxa é pura mesquinharia ideológica aplicada à norma tributária. Fazia tempo que isso precisava ser revisto por lá e por aqui, diga-se de passagem. Antes, a taxa sobre herança nos EUA era de 40%, que levava vários americanos a estabelecerem fundos no Caribe ou na Suíça para que seus filhos herdassem 100% do patrimônio. A outra opção era desenvolver estruturas contábeis complexas, que protegessem o herdeiro desses tributos.

Essas opções são caras e viáveis apenas para os mais ricos, o que deixava o imposto somente na conta da classe média. Todo ano, cerca de dois mil milionários americanos optavam por entregar o seu passaporte americano. Isso mesmo, até o patriotismo norte-americano tem seus limites. Esses norte-americanos preferem a cidadania de outros países ao tributo ideológico tosco em suas heranças. Essa proposta repatriará bilhões de dólares depositados em bancos fora dos EUA, e, mais uma vez na história, estes podem se tornar o lugar mais interessante para acúmulo de poupança e para ter um plano sucessório justo para seus filhos. O Brasil ruma há cem anos na contramão desse objetivo.

3. Empresas pagarão somente 15% de IR. Antes, a taxa variava de 15% a 35%, a depender do lucro. A proposta atual é criar uma taxa uniforme e fixa em 15%, independentemente do volume de lucro ou do tamanho de empresa. Isso acaba com a contabilidade criativa das empresas, que o faziam para evitar serem taxadas no patamar máximo. A contabilidade criativa distorcia os informes públicos.

Além de incentivar mais transparência, a reforma tributária vai simplificar e transferir menos impostos da iniciativa privada para o estamento burocrático.

O acúmulo de capital na mão dos empresários gerará mais investimento qualificado e criará oportunidades. Ou, simplesmente, mais poupança.

Ganha quem sabe gerar riqueza, empregos e oportunidades sustentáveis – os empreendedores. Ganham também os trabalhadores, que terão mais oportunidades de trabalho. Hoje, os EUA já operam em pleno emprego, o que significa o aumento de oportunidades, que criará pressão para aumentos reais nos salários dos trabalhadores americanos. Quem perde com essa medida é o próprio governo, pois limita recursos para planos populistas do governo central.

Resumo: uma boa parte do público brasileiro, lendo isso, pode ficar chocada com o plano. O brasileiro está acostumado a ver o nosso governo propor aumento de impostos e tributos, não a redução. Aqui, o objetivo de qualquer proposta é ficar com cada vez mais da nossa poupança, dos nossos filhos e das empresas.

Brasileiros cheios de ideologia ficam indignados ao ver um governo mais limitado, menos capaz de cumprir sua função de distribuir renda "aos mais carentes" via planos nacionais. Pois bem. O sistema norte-americano não se presta a essa linha de pensamento.

Nos EUA, não existem planos nacionais assistencialistas como aqui. Lá os mais carentes são mais bem atendidos por doações voluntárias a diversas instituições de caridade, por ações comunitárias ou por ações dos governos locais (distritais), que não dependem do imposto de renda. A falta dessas características é um dos pilares do problemático modelo brasileiro, mas isso fica para outros artigos.

(O lado liberal de Donald Trump – 2 de junho de 2017).

RELAÇÕES INTERNACIONAIS

10

Otimismo é covardia

A situação regional é a seguinte: a Argentina segue firme implementando o modelo venezuelano, o Chile corre o risco de adotar uma Constituição bolivariana, a Colômbia vê o narcotráfico reconquistando poder... Como diria Spengler, "otimismo é covardia".

> **18 NOV 2020** *Lockdown*, estatização e mais impostos são as medidas dos socialistas na Argentina para "combater a pandemia". O resultado é emigração, inflação, desemprego e, é claro, piora na saúde. Os socialistas do Brasil que invejam a tragédia no vizinho querem fazer exatamente igual por aqui.
>
> 💬 414   🔁 3,6 mil   ♡ 19 mil

30 OUT 2020 Os chilenos só descobrirão que cometeram um erro depois que perceberem que, num Estado Social, nunca há recursos suficientes, reformas viram necessidade, estabilidade e democracia viram sonho distante, juízes viram ativistas, e borboletas social-democratas viram Stalin.

> **Entenda:** Sobre o plebiscito no Chile para uma nova Constituição.

29 OUT 2020 As recentes mobilizações comunistas no Chile, Argentina e Bolívia e a persistência das ditaduras de Cuba, Venezuela e Nicarágua despertam nossa atenção para partidos vinculados a organizações internacionais criminosas. Proteja o Brasil, evite os partidos do Foro de SP.

> **Entenda:** Foro de São Paulo é uma organização de esquerda que reúne partidos políticos na mesma linha política.

27 OUT 2020 Da atual Constituição do Chile: "11º. La libertad de enseñanza [...] no tiene otras limitaciones que las impuestas por la moral, las buenas costumbres, el orden público y la seguridad nacional [...] no podrá orientarse a propagar tendencia politico partidista alguna".

> **Entenda:** "Liberdade de ensino [...] não tem limitações além das imposta pela moral, boas maneiras, ordem pública e segurança nacional [...] não poderá se orientar para a propagação de qualquer tendência político-partidária."

> **25 OUT 2020** A vitória do "sim" hoje no plebiscito pela reforma constitucional no Chile mostra, mais uma vez, que conservadores e liberais falham em conquistar corações e mentes até para sobreviverem. Essa habilidade centenária ainda é dominada por mobilizadores marxistas.
>
> 💬 485   🔁 2 mil   ♡ 14,9 mil

11 OUT 2020 A situação regional é a seguinte: a Argentina segue firme implementando o modelo venezuelano, o Chile corre o risco de adotar uma Constituição bolivariana, a Colômbia vê o narcotráfico reconquistando poder... Como diria [o historiador alemão] Oswald Spengler, "otimismo é covardia".

11 OUT 2020 Dia 25 de outubro, o Chile terá um plebiscito para determinar se o país precisa ou não de uma nova Constituição. Tudo indica que, se o *sim* vencer, a nova Constituição chilena será similar à do Brasil. Portanto, não, o Chile não precisa de uma nova Constituição.

10 JUN 2020 Esta semana, a Argentina estatizou o Grupo Vicentin, maior produtor de soja mundial. Já haviam estatizado a YPF Agro, que era o maior credor do Grupo Vicentin. Todos sabem para onde o presidente argentino e sua vice querem levar seu país.

> **Entenda:** A YPF Agro é uma empresa argentina líder no mercado de agronegócio.

26 JAN 2020 A população da Venezuela, que em 2016 atingiu 31 milhões, em 2020 registra 26 milhões, e até 2022 espera-se registrar menos de 24 milhões. Graças a essa forte tendência de perda de habitantes, em algum ponto no futuro, Nicolás Maduro espera tornar o socialismo sustentável.

15 DEZ 2019 Na contramão da austeridade, o governo argentino resolveu dobrar impostos para exportações e manter gastos. Acham que manterão suas exportações competitivas desvalorizando a moeda. O truque só funciona se o argentino não perceber que vai ficar mais pobre.

4 DEZ 2019 Protestos contra o presidente Andrés Manuel López Obrador, do México: gostei do resumo que descreve como de fato são os governantes socialistas: "Pensam como Marx, governam como Josef Stalin e vivem como John Davison Rockefeller".

> **Entenda:** Autor desconhecido. Karl Marx, sociólogo e revolucionário socialista; Josef Stalin, revolucionário e político soviético; John Davison Rockefeller, magnata americano mais rico de todos os tempos.

2 DEZ 2019 Estima-se que a Argentina tenha que dar calote em 50% a 60% do valor de sua dívida externa e bloqueie fluxo de capitais. Na depressão econômica argentina do início deste século, os presidentes Fernando de la Rúa, Adolfo Rodríguez Saá e Eduardo Duhalde tiveram mandatos relâmpago em condições semelhantes.

26 NOV 2019 O México, com mais de 30% de seu PIB em exportações crescentes para os EUA, entrou em recessão depois de menos de um ano de mandato do presidente socialista Andrés Manuel López Obrador.

> **26 NOV 2019** Mídia internacional está alimentando a versão de que as manifestações no Chile são por causa da "desigualdade". O discurso da desigualdade se presta somente para mobilizar desavisados a darem poder aos ditadores do Foro de SP.
>
> 💬 204   🔁 3,5 mil   ♡ 14,7 mil

13 NOV 2019 Juan Guaidó é o líder reconhecido do governo da Venezuela e, ao substituir embaixador no Brasil, foi impedido pela esquerda brasileira que obedecia a Nicolás Maduro. Cometeram dois erros: 1. apoiar facção terrorista externa; e 2. interferir nas decisões internas da Venezuela.

10 NOV 2019 E como andam os países sob o comando do Foro de São Paulo? A Venezuela continua perdendo com o desastre humanitário, o México segue perdendo segurança com governo entregue ao narcotráfico e, na Bolívia, o governo renunciou por fraude eleitoral.

> **29 OUT 2019** A esquerda latino-americana de 2019 é o espelho dos jacobinos de 1793 e dos bolcheviques de 1917: os líderes são da elite burguesa, comandam desinformados, desempregados e jovens e atuam nos centros urbanos. Aguardam momento de fraqueza dos governos para agir. Grande avanço!
>
> 💬 271   🔁 3,7 mil   ♡ 14,5 mil

28 OUT 2019 O novo presidente argentino Alberto Fernández não começa bem. Fazer sinal de Lula Livre e qualificar o corrupto como preso político é um tapa na cara do sistema judiciário brasileiro e de milhões de brasileiros. Nosso presidente faz muito bem em não dar as boas-vindas.

27 OUT 2019 Mauricio Macri perdeu a reeleição na Argentina. Ele não estabeleceu uma liderança forte o bastante para fazer grandes reformas e reduzir a força da oposição. Errou quando optou pelo gradualismo, dando mais tempo para a oposição se reerguer. Fez um mandato típico de qualquer centrista.

22 OUT 2019 Há venezuelanos, vinculados ao regime de Nicolás Maduro, presos na Colômbia, no Equador e no Chile. Estavam envolvidos na onda de terror e mortes nesses países nas últimas semanas. Não agir na causa resulta em lidar com as consequências.

22 OUT 2019 Terrorismo anunciado acontecendo no Chile e a ex-presidente Michelle Bachelet preocupada com violência policial. Típico...

---

30 AGO 2019 Independentemente de quem vencer a eleição na Argentina, não é viável imaginar estabelecer uma moeda comum do Mercosul quando o país está beirando a hiperinflação e não possui crédito nos mercados internacionais.

💬 303   ↻ 2 mil   ♡ 15,3 mil

29 AGO 2019 A Argentina não consegue reformar seu Estado Social e quebra a cada 10 anos. Toda vez é a mesma sequência: quebra, renegocia dívidas, promete fazer reformas, não faz e quebra. A cada ciclo o povo argentino empobrece e elege o populista que vai reiniciar a ciranda.

12 AGO 2019 Risco de Mauricio Macri perder já é quantificável no câmbio e nas bolsas de valores que precificam tudo o tempo todo. Só não está precificado o quanto vai custar ao Brasil manter acordos com vizinhos que resolvam fracassar mais uma vez com o socialismo.

> **Entenda:** O Brasil faz parte do Mercosul junto com a Argentina. Acordos bilaterais de livre comércio que o Brasil possa assinar com outros blocos ou países podem ser vetados no bloco, uma vez que o presidente eleito da Argentina [Alberto Fernández] é socialista.

---

27 JUL 2019 Segundo uma estudante venezuelana recém-imigrada para os EUA, a juventude na Venezuela odeia o socialismo. No entanto, todos os políticos de oposição se dizem socialistas, pois temem impopularidade com segmentos mais velhos. E, assim, o Nicolás Maduro se mantém no controle do lodaçal.

💬 99   🔁 1,2 mil   ♡ 7,8 mil

---

29 JUN 2019 O Mercosul, a organização que nunca foi usada para promover livre comércio, fez algo raro: fechou um acordo de livre comércio. Há risco de voltar a ser um estorvo ao livre comércio, como sempre foi, a cada mudança de governo de qualquer país membro.

30 ABR 2019 Se a situação na Venezuela exigir intervenção externa, não vou gostar de ver os EUA liderando. Essa responsabilidade deve ser nossa.

> **Entenda:** Sobre a legitimidade de quem ocupa a presidência do país, Nicolás Maduro e Juan Guaidó, líder da oposição, que promoveu um levante contra o presidente Maduro.

25 FEV 2019 Antes de Nicolás Maduro cair por seu próprio povo desarmado, veremos o caos total na Venezuela. Haverá milícias dominando o país, enclaves regionais se formando, desintegração territorial total e emigração em massa. O custo de não intervir também é alto, e não será só dos venezuelanos.

23 JAN 2019 Fiquei surpreso com milhões de venezuelanos nas ruas da Venezuela e de várias cidades do mundo, em uníssono contra a ditadura de Nicolás Maduro. Achava que a Venezuela não tinha salvação interna, pois faltava o ativismo cívico organizado que temos aqui no Brasil. Me enganei.

♡ 351   ⟲ 2,2 mil   ♡ 17,8 mil

16 JAN 2019 Espero que Mauricio Macri tenha vindo alertar o novo governo brasileiro para não seguir os passos (de tartaruga) da Argentina de como sair do socialismo.

> **Entenda:** Mauricio Macri se elegeu prometendo reformas no Estado Social da Argentina, mas não logrou sucesso porque foi lento. Não quis comprar uma briga frontal com a oposição, e essa se reagrupou e venceu as eleições seguintes.

10 JAN 2019 A Venezuela vive o apagar das luzes da democracia. A posse do Nicolás Maduro contou apenas com a presença dos presidentes da Bolívia, Cuba, El Salvador e Nicarágua. Gleisi Hoffmann foi. A comunidade internacional boicotou a festa do crime. O PT foi cúmplice, mais uma vez, do mesmo.

17 AGO 2018 Se há um aprendizado de mais de 200 anos do modelo constitucional norte-americano é que liberdade individual não se protege com Estado frouxo.

Terrorismo e as repúblicas de bananas

Essa última investida do Foro de São Paulo, para aterrorizar e desestabilizar países na América Latina, mostra que os países da região são constitucionalmente fracos contra o terrorismo.

Os países latino-americanos ainda não entenderam o que os Estados Unidos aprenderam ao longo do século XIX e reforçaram ao longo do século XX: todo país precisa de poder dissuasor permanente para dissuadir inimigos externos e internos. Não é por menos que esse aprendizado não tenha ocorrido. As repúblicas latino-americanas da região criaram uma dinâmica política destruidora de qualquer aprendizado de governos anteriores.

Em contraste, tanto os Estados Unidos quanto o Canadá implementaram uma Constituição (em 1789 e 1867, respectivamente) e fizeram relativamente poucos ajustes ao longo do tempo. Esse longo período de regras estáveis é o que permite aprendizado político e evolução de Estado. E esse processo sempre ultrapassa uma geração.

Na América Latina, parece que não houve tempo para o aprendizado, e as diversas constituições, de curta duração e fácil alteração, são provas disso. Quantas constituições os maiores países da América Latina tiveram na sua história? Vamos aos números:

1. Argentina: 3 constituições, 3 grandes reformas
2. Chile: 5
3. Paraguai: 6
4. México: 6
5. Brasil: 7
6. Uruguai: 7
7. Colômbia: 7 constituições, 12 reformas
8. Peru: 12
9. Bolívia: 17
10. Equador: 20
11. Venezuela: 26

A única Constituição verdadeira é a que aceita os pilares naturais e formativos das sociedades e faz o máximo possível para protegê-los das ambições de governos ao longo do tempo.

(Terrorismo e as repúblicas de bananas – 1º. de outubro de 2020).

GLOBALISMO

Globalismo, uma realidade antidemocrática

Não é coincidência que, por afinidade ideológica, os partidos social-democratas sejam os mais alinhados às demandas dos globalistas nos países do Ocidente.

31 JAN 2020 Alguns membros da família real da Inglaterra, extraoficialmente, se insinuaram contra o *Brexit* e a favor do aumento de impostos para causas globais. Só a rainha [Elizabeth II] parece não ter se esquecido da sua missão e do povo inglês.

> **Entenda:**
> "*Brexit*" é uma palavra usada para falar da saída do Reino Unido da União Europeia: "*British+exit*".

30 JAN 2020 Não me lembro de a Inglaterra jamais ter tido que declarar independência de ninguém na sua história. Por isso o país não teve "heróis da independência inglesa", como hoje tem: Nigel Farage.

> **Entenda:**
> Nigel Farage é um político britânico, um dos líderes do movimento Brexit.

29 JAN 2020 Nessa sexta-feira, finalmente terá início o *Brexit*. Possivelmente teria sido evitado se a Constituição da União Europeia fosse similar à dos EUA. Mas, como ela é uma constituição social-democrata, com incoerências similares à do Brasil, todo país da Europa faz bem em rejeitá-la.

13 DEZ 2019 Nas recentes eleições da Inglaterra, os conservadores venceram amplamente a ponto de, agora, poderem executar o *Brexit* sem obstruções. A novidade é que o partido trabalhista perdeu avassaladoramente em seu reduto eleitoral. Ou seja, trabalhadores rejeitaram o socialismo.

> **27 AGO 2019** No mundo das ideias e da nossa consciência, a França e seus apoiadores na mídia, na política e na sociedade já violaram nosso território. Sem território não há Estado. O Estado não pode privar ninguém do direito à livre consciência, mas deve parar de ajudar todos os subversivos.
>
> 💬 183   🔁 2,4 mil   ♡ 12,2 mil

24 AGO 2019 Vários veículos da mídia internacional já estão fazendo o contraponto factual e balanceado ao xilique do justiceiro ambiental francês. Após a emoção de massa, restarão vários aprendizados... Os de reforçar as Forças Armadas e políticas de segurança nacional sendo os maiores. Sim.

> **Entenda:** Dentro da crítica do presidente francês Emmanuel Macron ficou implícito que ele quer intervir na gestão da Floresta Amazônica. A pauta ambiental é usada como pretexto para a intervenção, assim como outras pautas como saúde, educação, imigração etc.

24 AGO 2019 A postura da França mostrou a todos os brasileiros o que é o globalismo e alguns de seus canais de ação. Globalismo é um problema que afeta todas as nações. Só as nações fortes conquistam relativa independência, e é isso que temos que conquistar... Para nosso bem e de toda a região.

> **Entenda:** O presidente francês Emmanuel Macron criticou a política ambiental brasileira, sobretudo por causa das queimadas na Amazônia e no Pantanal.

23 AGO 2019 A França é membro permanente do Conselho de Segurança da ONU, e assinamos uma medida que dá poderes a esse conselho para bloquear ativos no Brasil de quem ele julgar ser terrorista. Um país com tamanha responsabilidade não pode ter líderes irresponsáveis.

23 AGO 2019 É crise ou é falsa crise de incêndios? Só há especulação. Os incêndios estão acima da média anual? Foram acidentais ou propositais? Culpa dos fazendeiros capitalistas ou de ONGs marxistas? Sem provas, Emmanuel Macron mobilizou as demais donzelas históricas da Europa a passarem um veredito.

> **Entenda:** "Donzelas históricas" são a maioria dos países da União Europeia liderados pela França.

8 JUL 2019 Eleições na Grécia: neste final de semana foi a vitória de pequenos empreendedores contra a esquerda trabalhista. Estudei com o recém-eleito primeiro-ministro Kyriákos Mitsotákis, e ele segue hoje o que aprendemos há 26 anos: mais livre iniciativa, menos impostos e [menos] burocracia.

---

28 JUN 2019 Os conservadores na Europa são mais ao centro do que os das Américas e se confundem com os sociais-democratas. Na Europa, o que eles hoje consideram "extrema-direita" estaria mais em linha com os movimentos conservadores norte e sul-americanos.

💬 113   🔁 1,2 mil   ♡ 9,7 mil

11 JUN 2019 Demorou 10 anos para remover membros do partido dos trabalhadores da burocracia alemã após a Segunda Grande Guerra. Não por coincidência, foi um período de milagre econômico liderado pela indústria daquele país. O momento nos faz esquecer de alguns paralelos da história.

> **Entenda:** O processo de expurgo de agentes do partido nazista alemão foi essencial para desburocratizar a Alemanha e gerar o que eles chamaram de *Wirtschaftswunder* (milagre empresarial – ou milagre ecônomico) no pós-Segunda Guerra.

30 ABR 2019 Nas eleições gerais que aconteceram agora na Espanha, o resultado foi mais favorável para um partido de viés socialista. Porém, um problema que assola a população é a falta de transparência na questão eleitoral.

28 JAN 2019 O Emmanuel Macron conseguiu unir a França… contra ele. Há instabilidade comparável à do final da Quarta República, que deu início à Quinta. Se houver uma Sexta República francesa, haverá também uma Sétima. E assim por diante. Sem quilha fundadora, toda república fica à deriva.

4 DEZ 2018 Em poucos dias, Emmanuel Macron se colocou em sinuca. Se mantiver o imposto ecológico nos combustíveis, perde popularidade; se postergar, saberão que é temporário; e, se cancelar, tira a força da narrativa ambientalista global. Na França, antiglobalismo custa menos.

Evolução do marxismo

As mudanças políticas recentes na Europa, nos Estados Unidos e na América Latina têm colocado em xeque os sistemas representativos e as relações exteriores, forçando algumas revisões para o século XXI. Quais fatores influenciarão o diálogo político neste momento? Ressalto, aqui, um deles: a evolução do marxismo – o marxismo cultural e o marxismo global.

Após a queda do Muro de Berlim, em 1989, julgava-se que o marxismo e a esquerda radical estavam terminados. Do ponto de vista político europeu, isso ocorreu. A esquerda revolucionária se retraiu politicamente em todos os países do Ocidente. Nos países do Leste Europeu, que protagonizaram ditaduras comunistas ferozes, a deterioração foi mais dramática. Alguns países dessa região chegaram a banir a ideologia marxista e agremiações comunistas no início dos anos 1990, como foi o caso de Ucrânia, Bielorrússia, Romênia, Letônia, Lituânia e Moldávia.

Na Europa Ocidental, os partidos comunistas não foram banidos, mas a legitimidade de seu pleito pelo poder político caiu por terra e nunca mais voltou. Desde a queda do Muro de Berlim, o marxismo na Europa se limitou à cultura e à educação, sendo que, nessas áreas, as democracias liberais não criavam restrições ou objeções.

Somente hoje, no entanto, no início do século XXI, notamos como a cultura e a educação foram uma plataforma ampla e poderosa para a política. O "marxismo cultural", originário da Escola de Frankfurt, nasceu como uma crítica a todos os pilares da civilização ocidental: religião, indivíduo, família, propriedade, constituição, nação-estado etc. O marxismo cultural é utilizado desde o pós-Segunda Guerra Mundial como braço auxiliar do marxismo político, mas somente com a queda do Muro de Berlim é que ele se torna a ferramenta central.

No marxismo cultural, crianças e jovens são o alvo e os que mais sofrem seus efeitos de maneira direta e intensa. Nasce com o intuito de mudar a sociedade pela raiz, propagando uma versão alternativa de valores e narrativas históricas, sociais, políticas e econômicas. Os partidos de esquerda, que promovem o socialismo via incremento gradativo da burocracia, notadamente os propagadores da social-democracia, é que têm sido os maiores beneficiários do marxismo cultural, exatamente por serem pragmáticos e não revolucionários.

No período seguinte à queda do Muro de Berlim, foi a burocracia, e não a revolução, que se tornou o único caminho viável para implementar o socialismo. Na retórica social-democrata, a função da burocracia é atacar as "injustiças sociais" criadas pelas narrativas do marxismo cultural.

Dentro da lógica social-democrata, a regulamentação de todos os aspectos da vida do ser humano é a maneira certa para reduzir essas diferenças sociais. O método socializante dos sociais-democratas tem sido tributar "excessos", regulamentar comportamentos e controlar escolhas. Esse processo reforça o controle central.

Essa lógica não se limitou ao controle de um país e de uma sociedade. A lógica do marxismo cultural tem um paralelo que se aplica na esfera internacional, onde não há poderes efetivos capazes de aplicar leis em todos os países – nunca houve, e esperamos que isso nunca se materialize. No entanto, é necessário compreender a existência de forças internas e externas dos países que trabalham para tal objetivo.

A diversidade de interesses das nações-estados do mundo, cerca de duzentos países relevantes, é mais ampla do que a diversidade contida em um só país. Muitas dessas diferenças são visíveis. Dessas desigualdades surge toda sorte de teorias para "pacificar" e "homogeneizar" as nações. Uma delas foi a "teoria de dependência", que influenciou países emergentes e do terceiro mundo a adotarem políticas restritivas aos interesses dos países desenvolvidos. O intuito desse conjunto de ideias era mais para limitar a expansão do capitalismo do que para criar mercados internos competitivos nos países emergentes. Várias outras teorias e pautas globais surgiram e se agregaram a esta.

Nos dias de hoje, muitos de nós nos deparamos diariamente com algumas dessas pautas globais na mídia: aquecimento global, migração, direitos humanos, pobreza etc. Pois bem, o que não percebemos é que a solução proposta pelos globalistas para erradicar esses "problemas globais" é similar à solução para erradicar as diferenças sociais de um país propostas pelos sociais-democratas: tributação, burocracia, regulamentação e, é claro, a fortificação de um poder global central capaz de implementar tudo isso.

Quando observamos o contexto global através da lógica marxista da "luta entre classes", verificamos um universo paralelo fértil para a existência de sua cara-metade global: "luta entre nações". E, sim, vale notar que vários intelectuais marxistas agem no contexto global desde a criação da ONU, no final de 1945. Similar à forma como o marxismo cultural funciona indiretamente na política, através da mudança cultural e do conteúdo acadêmico, o "marxismo global" das agremiações supranacionais age indiretamente pela influência política. Ou seja, a maioria dessas entidades supranacionais não possui vínculos explícitos com partidos políticos, mas prefere usar ONGs para criar legislação, sugerir e financiar sua aprovação em parlamentos de diversos países. Não é coincidência que, por afinidade ideológica, os partidos social-democratas sejam os mais alinhados às demandas dos globalistas nos países do Ocidente.

As leis sugeridas por esses partidos pedem mudanças que alinham cada vez mais os países sob um só comando e influência. Em alguns casos, essas mudanças abrem o país para a interferência mais direta em questões de políticas públicas de toda espécie. Isso é o que chamam de globalismo ou, pela coerência deste texto, "marxismo global".

Em resumo, verificamos, no início do século XXI, como o marxismo político-revolucionário deixará de existir como partido e método político efetivo, dando lugar a duas outras ramificações que ganharão cada vez mais força: o marxismo cultural e o marxismo global. Estes agirão indiretamente na política e mais diretamente na sociedade. Quanto mais os cidadãos se preocupam com políticas nacionais de desigualdade social e com questões globais, maior será o poder central no país e a interferência externa.

(Evolução do marxismo, Interesse Nacional – 9 de janeiro de 2019).

SOCIALISMO

Estado Social = Socialismo. Não se iluda

Um Estado Social não é necessariamente mais democrático. Aliás, muito pelo contrário. As chances de resultar em um totalitarismo são muito maiores.

> **21 OUT 2020** A esquerda atual defende ambientalismo, assistencialismo e políticas de identidade. É bem distinta da esquerda trabalhista do século xx, que via a expansão da classe trabalhadora como etapa para o comunismo. A esquerda atual é simplesmente contra o desenvolvimento.
>
> 💬 209   🔁 1,8 mil   ♡ 11,4 mil

5 OUT 2020 A revolução marxista depende de mobilização e infiltração. Mesmo havendo todas as condições para uma contundente mobilização, sem infiltração não há revolução.

22 AGO 2020 [Hugo] Chávez gerava crises de abastecimento na Venezuela e, depois, aproveitava manifestações contra a crise para aumentar seu controle da economia. Hoje, [Andrés Manuel López] Obrador procura fazer o mesmo no México, assim como [Alberto Angel] Fernández na Argentina. Socialismo tem métodos e resultados previsíveis.

29 JUL 2020 O movimento da Câmara, de constitucionalizar financiamento de serviços públicos, continua. Primeiro foi o Fundeb, agora vem o sus e logo deverá vir o Bolsa-Família. Todos sofrem de esquemas de desvios. Professores, médicos e famílias carentes deveriam ser contra esse movimento.

> **28 JUL 2020** O socialismo nos EUA é um movimento social, enquanto que no Brasil é uma realidade institucional. A mobilização de rua por lá é para criar mais burocracias assistenciais. Por aqui, a mobilização é para conter abusos, corrupção e custos que essas mesmas burocracias geram.
>
> 💬 118   🔁 1,7 mil   ♡ 9,6 mil

23 JUL 2020 A PEC [Proposta de Emenda Constitucional] do Fundeb petrificou um modelo de financiamento de ensino básico, repleto de interesses de classe e corporativistas, permanentemente na Constituição. Poderia ter sido discutida sua renovação por prazo determinado, para que fosse ajustada à medida que os métodos evoluem...

...e resultados efetivos são apresentados. Mas isso geraria insegurança naqueles dependentes dos "esquemas". Na classificação do TCU [Tribunal de Contas da União], o fundo tem alto risco de exposição à corrupção por ter umas das piores governanças.

> **Entenda:** O Fundeb, assim como a Previdência e o SUS, é uma das maiores fontes de desvios de recursos públicos, não incluindo as distorções que sempre ocorrem em suas alocações.

27 JUN 2020 Aniquilar os valores contrários ao progressismo socialista é impossível, mas, com o comando do sistema eleitoral, excluir representantes que portam esses valores é muito fácil. Parece que o plano é só ter candidato de esquerda como opção eleitoral.

18 JUN 2020 Agora o Brasil tem um ministro do governo que precisa buscar exílio para não ser preso por falar o que pensa. A justiça dos progressistas é a mesma dos fascistas.

> **Entenda:** Refere-se ao ex-ministro da Educação Abraham Weintraub.

24 MAI 2020 Preferimos que cuidem de nós a ter que cuidar de nós mesmos, preferimos obedecer a ter que liderar, buscamos segurança ao invés de aprender a nos defender e preferimos escolher a ter de criar opções. Esses nossos impulsos favorecem a criação do totalitarismo a cada geração.

♡ 690   ↻ 4,8 mil   ♡ 24 mil

30 MAR 2020 Com limites, o Estado brasileiro já controla o capital, a propriedade e a iniciativa privada via burocracias e tributos. Socialistas não celebram esse fato porque, para eles, ainda falta eliminar os limites.

27 MAR 2020 Na onda de calamidade pública, toda cartilha do economista marxista Thomas Piketty está em pauta: renda mínima, impostos sobre grandes fortunas, imposto sobre dividendos, mais imposto sobre herança, mais projetos assistencialistas etc. Socialistas sabem aproveitar as crises.

> **Entenda:** Thomas Piketty é um economista francês, autor do livro *O capital no século XXI*.

> **20 MAR 2020** Políticos criticam amplamente e livremente o imperialismo americano e o colonialismo de países europeus há décadas. Mas, por medo, críticas contra ditaduras comunistas de Cuba, Rússia e China foram poucas e tímidas. Maquiavel tinha razão: "É melhor ser temido do que amado".
>
> 💬 397 🔁 4,5 mil ♡ 17,8 mil

6 MAR 2020 Quando surgiram no século XIX, os progressistas agiam por avanços importantes na ciência, na saúde, na indústria e na política. Cem anos depois, os progressistas agem para destruir a educação, a história e as tradições. O progressista de hoje é um socialista cultural.

> **6 FEV 2020** Há "novos" parlamentares que querem liderar mudanças na educação com apoio de todos os grupos responsáveis pelo problema que existe hoje na educação. Isso não é renovar, isso é reacionário.
>
> 💬 671 🔁 6,2 mil ♡ 25,6 mil

3 FEV 2020 Para acalmar a esquerda, bastaria passar o Ministério da Educação de volta para as mãos deles. Mas nenhuma sociedade merece passar por tamanha agonia mais de uma vez. Por isso, não vejo dilema sobre essa questão.

> **Entenda:** A esquerda comanda a educação do Brasil há mais de três décadas, e ela é pedra fundamental de seu canal de doutrinação. Quando ministros conservadores foram nomeados para esse cargo, a esquerda não se acalmou.

> **14 JAN 2020** Marxista, quando não governa, produz propaganda. Quando governa, produz corrupção e miséria. É um alívio só ter que combater propaganda.
>
> 💬 235 🔁 4,7 mil ♡ 19,4 mil

14 JAN 2020 A súbita atenção mundial aos filmes *Os dois papas*, *Democracia em vertigem* e *Primeira tentação de Cristo* atesta tanto o poder que a esquerda comanda, em produzir e distribuir propaganda e difamação, quanto a dificuldade da direita em difundir valores e verdades.

19 DEZ 2019 As organizações públicas dos EUA evoluem em observação do que dá certo em suas diversas experiências. O Brasil não gera grandes inovações na gestão pública, pois toda inovação é uma violação do que está regulamentado e não pode ser testada sem antes ter permissões das regras.

17 DEZ 2019 Em moção de aplauso a Paulo Freire na Câmara, mais da metade dos parlamentares não se manifestou. Os demais aplaudiram o fracasso dos resultados do índice PISA [Programa Internacional de Avaliação de Alunos] para educação.

> **Entenda:** Paulo Freire e seus métodos de ensino são o padrão do sistema educacional brasileiro incorporado e promovido pela esquerda nos governos Lula e Dilma.

16 DEZ 2019 O FGTS [Fundo de Garantia do Tempo de Serviço] é pago obrigatoriamente pelos trabalhadores e administrado por um conselho de nomeados políticos, tecnocratas e sindicalistas. Difícil crer que alguém escolheria, voluntariamente, qualquer um desses grupos como administrador de suas poupanças. Como não temos escolha...

> **24 NOV 2019** Comunismo nunca funciona, pois não há propriedade privada, mercados livres e tudo depende de planejamento de central. Aqui, a propriedade é relativa, mercados são regulados e a União define quem, quando, onde e como de quase tudo. Se comunismo é o paraíso, estamos no purgatório.
>
> 💬 219   🔁 2,8 mil   ♡ 15,4 mil

5 NOV 2019 As manifestações da esquerda hoje sequer viraram notícia em qualquer mídia. Desestabilizar o Brasil, como foi feito no Chile, demanda no mínimo 20 vezes mais tempo, gente e recursos. O caos, por aqui, só é possível se os bolcheviques conquistarem grandes orçamentos públicos.

25 SET 2019 Falar do problema é ofensa só para quem é o problema. E, por isso, socialistas, progressistas, globalistas, ambientalistas e a mídia não gostaram do discurso do nosso presidente na ONU.

> **Entenda:** O discurso do presidente Bolsonaro foi muito criticado pela imprensa por negar o desmatamento e criticar as boas intenções disfarçadas de interesse de alguns países europeus, entre outras coisas.

8 AGO 2019 Precisei presenciar a velha esquerda em plenário falando em "defender a soberania nacional" para entender os antigos planos soviéticos para o Ocidente: "Não iremos destruí-los com armas nucleares, iremos destruí-los com guerras de liberação nacional" (Nikita Krushev).

22 JUL 2019 Ano que vem, candidatos da esquerda irão propor o de sempre: soltar bandido, acabar com as polícias, estatizar tudo e aumentar tributos para a classe média que não emigrou. Isso gera tranquilidade, pois teriam sérias chances de vencer as eleições se propuserem o inverso.

> **14 JUL 2019** Quem vê o Estado como um agente que luta contra a concentração de renda, não vê o quanto ele limita e concentra oportunidades exercendo essa função. Temos que parar de falar em como distribuir renda e começar a falar em como distribuir oportunidades.
>
> 💬 483   🔁 3,1 mil   ♡ 15,4 mil

4 JUL 2019 O Foro de São Paulo se reunirá em Caracas no final de julho. A pauta? O mesmo latrocínio progressista de sempre. O objetivo? Vencer prefeituras brasileiras com orçamento para manter os movimentos de esquerda em toda a América Latina... a Lava Jato precisa se regionalizar.

> **Entenda:** O Foro de São Paulo foi criado em 1990 por líderes da esquerda da América Latina para influenciar e dominar o continente. É responsável por definir pautas e criar sistemas de apoio a candidatos da esquerda, e é aceito por muitos que o Foro foi responsável por várias eleições na América Latina.

15 MAI 2019 Escola particular que faz apoio à greve geral da educação é digna de perder matrícula de pais que querem um ensino de qualidade.

> **Entenda:** O sindicato de professores mobilizou uma greve por supostas reduções de investimento no setor, o que não era o caso. Que qualidade de ensino é essa em que professores e alunos são facilmente mobilizados sob pretextos falsos?

20 ABR 2019 Os sindicatos serão sempre a favor de manter monopólios, pois eles precisam de monopólios para se manterem relevantes. Sem o monopólio, o trabalhador tem outras ofertas de emprego no mesmo setor. Trabalhador com várias opções é o que tira poder de representação dos sindicatos.

💬 175   🔁 2,5 mil   ♡ 11,7 mil

30 MAR 2019 "Gerar riqueza" não é um conceito aceito na esquerda. No estatuto de qualquer partido de esquerda não há referências a geração de riqueza, acúmulo de capital, propriedades e heranças, senão no sentido de algo a ser controlado, taxado ou expropriado.

10 NOV 2018 [Guilherme] Boulos criticar livro que não leu e palestra da qual não participou demonstra o comportamento preconceituoso e infantil responsável pela decadência da esquerda revolucionária nos últimos anos.

> **Entenda:** O meu primeiro livro, *Por que o Brasil é um país atrasado?*, explica o problema das oligarquias, sua influência negativa no sistema político e como reduzi-lo sem adotar políticas de esquerda.

15 AGO 2018 Os fatos provam que o assistencialismo institucional de Estado não funciona. A pobreza acaba devido ao desenvolvimento econômico e empresarial e ao aumento da liberdade dos indivíduos. 21% dos brasileiros vivem do Bolsa-Família. Assistencialismo de governo só perpetua a pobreza.

> **Entenda:** "Brasil tem 32 milhões de crianças e jovens pobres". Leia a reportagem completa no site da Band, acessando o QRCode ao lado.

12 AGO 2018 Convidar marxistas para uma discussão constitucional deve gerar o mesmo efeito que o convite feito a países terroristas para presidirem o Comitê de Direitos Humanos da ONU.

11 AGO 2018 Democracia de massa não tem forma nem raiz. É controlada pelo sistema. O político profissional é a ferramenta. Ele absorve opinião pública mas a neutraliza com narrativas conhecidas. A ruptura começa quando o eleitorado percebe todo o sistema.

31 JUL 2018 O Brasil trilhou um caminho constante rumo ao atraso econômico e político. Constituições limitantes, leis burocratizantes e poder excessivo ao Estado engessaram o Brasil.

O populista imbuiu na população a crença de que a prosperidade depende do Estado.

> **Entenda:** "A necessidade de transformar o Brasil em um paraíso empresarial". Leia o post completo acessando o QRCode ao lado.

18 JUL 2018 A esquerda mente ao tentar colocar a culpa dos problemas do Brasil no capitalismo. O que temos no Brasil é socialismo: o cliente compra do monopólio estatal, compra do monopólio privado, ou o cliente compra da concorrência privada, que é regulada por uma agência estatal.

---

7 ABR 2018 Na cadeia o direito de ir e vir é restrito, não há lazer, a comida é garantida mas não há opções, não há propriedade privada, não há liberdade de expressão e não há bem-estar nem qualquer visão de futuro melhor. Se tudo correr bem Lula finalmente vai entender o que é o socialismo.

💬 201   🔁 3,3 mil   ♡ 8,9 mil

O socialismo na Constituição

O socialismo aplicado a uma constituição cria o que chamam de Estado Social. No Brasil há cinco pilares centrais desse modelo: a Previdência estatal obrigatória, as leis e a "justiça" trabalhista, os planos assistencialistas e os sistemas Único de Saúde e de Educação. Todos esses comandados de forma central, pela União, e constitucionalizados, integralmente ou em parte, para impedir ajustes.

Um Estado Social, via de regra, é mais interventor na sociedade e na economia. Essa intervenção se dá através de normas, burocracias e tributos. Dependendo da intensidade de sua intervenção, o Estado Social pode gerar instabilidade jurídica, fiscal e política.

Além de ser um fator de desestabilização, o Estado Social é um condutor ao globalismo, uma vez que os pilares, suas métricas e programas não são definidos pelos cidadãos, mas sim por convenções ideológicas em organizações supranacionais. Portanto, quem controla o Estado Social não é o cidadão, mas sim o Estado, e este está sujeito a convenções vindas de fora do país. É por isso que o Estado Social, indiretamente, remove o controle constitucional da população sobre sua própria Constituição.

Um dos argumentos do meu livro *Por que o Brasil é um país atrasado?* é apontar como esse modelo cria instabilidade política, corrupção, rupturas e crises fiscais frequentes. A duração do modelo é curta, pois as condições que criam suas instituições sociais mudam constantemente e, por não ser um modelo de Estado dinâmico e adaptável, perde rapidamente sua legitimidade, tornando-se ultrapassado e tirânico quando ele próprio se blinda dos ajustes necessários.

Apesar do crescimento do debate filosófico e da resistência política de conservadores e liberais ao longo do século XX, modelos de Estado Social avançaram no Ocidente, com diversas intensidades e formatos. Os países mais resistentes, e também os mais estáveis, mantiveram essas influências socialistas em lei, e não chegaram a alterar suas constituições para a criação de um Estado Social de fato. Esse foi o caso de Estados Unidos, Inglaterra, Suíça e Canadá.

No caso da Alemanha e do Japão, a situação foi diferente. Após a Segunda Guerra Mundial, a Alemanha ajustou sua Constituição, que já adotava o Estado Social desde 1918, liberalizando-a, reconhecendo a socialização de algumas obrigações de Estado na Constituição, mas diferindo os detalhes dessas obrigações em lei. O Japão teve um benefício inusitado no pós-guerra, pois, por imposição dos Estados Unidos, adotou o que pode ser considerado uma versão atualizada da Constituição norte-americana, que meramente menciona, mas não regulamenta, a educação, o trabalho etc. Os demais países que hoje compõem a OCDE [Organização para a Cooperação e Desenvolvimento Econômico], que, por enquanto, inclui o Chile, são comparáveis a todos esses exemplos, mas nenhum país da OCDE tem uma constituição de Estado Social tão forte quanto a do Brasil de hoje.

No contexto de Estado Social, o inchaço permanente da máquina pública e o alto custo de seu financiamento fragilizam o Estado, limitando sua durabilidade: geralmente até a próxima crise fiscal, crise de corrupção ou crise de falta de capacidade de atender às entregas do momento. Os ajustes nas políticas públicas e suas metodologias de entrega são, portanto, inevitáveis. Mas, quando essas políticas e métodos ficam travados na Constituição, o Estado se torna desestabilizador.

Alguns dos constituintes de 1988 deviam saber disso, pois tornaram as modificações constitucionais muito fáceis quando comparadas às de outros países desenvolvidos. O Brasil já ultrapassou cem emendas constitucionais nesses mais de trinta anos da Constituição Federal de 1988, o que comprova a necessidade dos ajustes constantes que mencionei. Por um lado, essa facilidade de ajuste tem mantido a Constituição de 1988 viva. Se, por acaso, fosse mais difícil ajustar essa Constituição altamente interventora, ela certamente não teria chegado a 2020. No entanto, essa facilidade de ajuste cria outro problema mais grave: constituições não são feitas para sofrer ajustes constantes, e as que são, como a nossa, não garantem o grau de estabilidade jurídica necessário para tornar o país desenvolvido.

Esse é o erro dos movimentos de esquerda em toda a América Latina e nos Estados Unidos, que lutam para criar um Estado Social, constitucionalizando o socialismo. Na prática, o Estado Social não atinge o que prega, mas sempre gera um alto grau de instabilidade política para constituí-lo e, depois, para gerenciá-lo. Esse tem sido o caso recente da Argentina e do Brasil: países que já contam com um Estado Social há décadas e nunca conseguem se ajustar durante longos períodos, tendo que fazer reformas constantes: política, tributária, previdenciária, administrativa, do Judiciário, para citar apenas alguns exemplos. O resultado é instabilidade política, mesmo com governos socialistas eleitos.

Em 2019 e 2020, o Chile tem sofrido pressão com mobilizações em prol de uma nova Constituição que cria esse modelo de Estado Social. Se ceder, estará entrando para o rol de países instáveis, típicos da região (*). Em pouco tempo, estará em situação semelhante à da Argentina ou do Brasil, precisando reformar tudo. O Brasil vem reinventando seu modelo de Estado Social desde 1934 e, como todos geraram rupturas, temos mais cinco modelos republicanos na nossa história, além da primeira República (Constituições de 1937, de 1946, de 1967 e a atual de 1988). A função legislativa da 56ª. legislatura, eleita em 2018, dominada por reformas de leis e instituições já existentes, já confirma que a Constituição de 1988 está saturada.

Mesmo a América Latina sendo dominada por constituições estatizantes, os avanços na administração pública precisam acontecer antes, fora da região, pois até a inovação é restrita: como praxe de modelos de Estado Social, toda mudança precisa existir antes em lei para depois ser aplicada. Ou seja, nunca seremos líderes em modelos de Estado Social, pois não temos liberdade constitucional para testar e desenvolver novas alternativas de gestão pública, restando a nós a dependência de adotarmos inovações que já existem em modelos de outros países.

Faz-se necessário registrar que, em função da ascensão dos modelos de Estado Social, os países do Ocidente têm se tornado cada vez mais autoritários: menos por ditaduras populistas ou grupos oligárquicos, porém mais por suas próprias constituições. E constituições de Estado Social são as mais autoritárias no quesito de violação de liberdades individuais e limitações de escolhas.

Elas costumam apresentar três características: o excesso de normas e burocracias com a centralização e fortalecimento do Estado, que impedem a livre iniciativa; a busca incessante por limitar os direitos à propriedade, que fica suscetível ao controle do Estado e à desapropriação sob a falsa premissa de cumprimento de uma função social; e, por fim, a concentração de esforços em garantir direitos às autoproclamadas minorias em detrimento dos cidadãos que veem seus direitos e liberdades serem aliajados a todo momento. Vale lembrar que a primeira delas foi a Constituição que criou a República de Weimar em 1918, na Alemanha, e que, durante a ditadura nazista de 1933 a 1945, permaneceu praticamente intacta. Escutei o termo "autoritarismo constitucional" sendo usado por alguns pensadores políticos para definir o que rege o Ocidente nesse início de século XXI e acho que ele é adequado para ajudar a visualizar essa tendência.

Isso provoca o ensejo para as resoluções: remover da Constituição tudo o que cria um Estado Social seria o movimento correto para evitar um desgaste constitucional mais profundo. Como fiz inferência na experiência do Japão, uma versão mais atualizada da Constituição dos Estados Unidos já acomodaria gregos e troianos. Caso isso seja politicamente impossível, devemos ao menos lutar para descentralizar o Estado Social e tirar suas competências da União: a criação, o financiamento, a gestão e as entregas dos serviços públicos seriam delegadas e sustentadas pelas instâncias mais próximas do eleitor. Só assim a Constituição de 1988 daria mais estabilidade jurídica e política para o Brasil.

Infelizmente, o que se observa é um processo crescente de constitucionalização de programas que deveriam ter caráter temporário, se comparados à perenidade desejável de um texto constitucional, e, por isso, deveriam ser tratados na legislação infraconstitucional: Fundeb, Bolsa-Família e SUS. O movimento está nitidamente no sentido contrário. Esse é o alerta.

(O socialismo na Constituição – 13 de outubro de 2020).
* Em 25/10/2020, o povo chileno votou *sim* no plebiscito para uma nova Constituição.

13

E AGORA?

A nova ordem mundial chegou, e agora?

Não há aliados do Brasil no Conselho de Segurança da ONU. A França virou antifa ambiental enquanto que Rússia e China operam nas sombras por seus interesses. EUA e Inglaterra estão a um ciclo eleitoral para se alinharem aos demais. Nossas regras e território estão nessa balança.

1º FEV 2021 No início do século XX o presidente progressista Woodrow Wilson foi ativista na derrubada de regimes não alinhados com suas ideias de "paz" e de futuro sob a Liga das Nações. Falhou e gerou mais incertezas. No início do século XXI o presidente progressista Joe Biden...

> **20 JAN 2021** Os desfiles promovidos pelos líderes da extinta União Soviética tinham mais autenticidade e popularidade que a posse do novo presidente dos EUA hoje.
>
> 💬 421   🔁 2,6 mil   ♡ 18,1 mil

6 JAN 2021 A desconfiança no sistema eleitoral que gerou levantes nos EUA hoje gerou levantes no Brasil em 2014. Em ambos os países, os que aceitam os resultados negam que existam razões para desconfiança, oferecem outros motivos e até sugerem mudanças... mas não no sistema eleitoral.

> **Entenda:** Neste dia, o Capitólio americano foi invadido por apoiadores de Donald Trump.

28 NOV 2020 Este ano as vendas de armas atingiram o maior volume já registrado nos EUA. O último pico recorde foi atingido por medo de eleição da Hilary. O novo recorde é por medo de eleição do Biden. A camuflagem de "democrata" não está mais funcionando.

30 SET 2020 Biden oferece uma nova versão do "macarthismo": país que adere ao globalismo recebe uma cenoura enquanto que países independentes recebem uma marretada. A esquerda brasileira está batendo palminhas e dando pulinhos aguardando as cenouras.

30 SET 2020 Não há aliados do Brasil no Conselho de Segurança da ONU. A França virou antifa ambiental enquanto que Rússia e China operam nas sombras por seus interesses. EUA e Inglaterra estão a um ciclo eleitoral para se alinharem aos demais. Nossas regras e território estão nessa balança.

29 SET 2020 A máquina da esquerda é capaz de eleger qualquer um... até mesmo o Biden. Aqui conhecemos bem esse mecanismo: elegeu a incongruente Dilma duas vezes e quase elegeu o obscuro Haddad.

O desafio do Brasil é resistir e ser independente

O ministro das Relações Exteriores, Ernesto Araújo, certamente enfrentará grandes desafios diante da eleição de Joe Biden, líder de uma potência hegemônica com poder bélico global. Os Estados Unidos, que hoje exercem papel de polícia no mundo, têm bases militares em quase todos os países do mundo, e é sabido que Biden é comprometido com o ativismo de interesses globais crescente há muitos anos dentro do Partido Democrata. É ele que tem o poder agora de apertar o botão e dar as ordens.

A Nova Ordem Mundial está batendo à porta.

Em outras palavras, os americanos elegeram um presidente alinhado com o socialismo global, no qual se reforçam os comandos centrais. Pode-se prever que quem não obedecer a esses comandos sofrerá todo tipo de sanção, embargos comerciais, restrições de vistos, além de ver seus acordos bilaterais prejudicados. Somente o Supremo Tribunal Federal dos Estados Unidos, que não é dominado pelos ativistas de esquerda, poderia estabelecer limites aos poderes Executivo e Legislativo, uma vez que a esquerda também tomou conta da Câmara e do Senado. A partir dessa última eleição, o governo americano ganhou carta branca para impor ao mundo livre uma realidade socialista que já ocorre largamente na Europa – com algumas exceções em países como Hungria, Polônia e talvez Reino Unido, que recentemente deu seu grito de liberdade contra a União Europeia.

Este é o tamanho do desafio de Ernesto Araújo: fazer frente a um socialismo global que tentará se impor em 2021. Araújo tem a missão de manter o Brasil como um país independente diante de tal onda que fecha portas e janelas em todos os lugares e que serão ainda mais cerradas com Biden, disposto a desfazer todos os acordos e políticas de seu antecessor, Donald Trump. Pode-se também antever que essa postura ativista deve aprofundar os conflitos internacionais. Deve-se lembrar que a narrativa de que Trump era um ditador e causaria guerras agora se volta contra os acusadores: os que defendem o ativismo de esquerda serão responsáveis por uma ditadura global.

O Brasil será um dos países a serem anulados por essa política, assim como a Turquia e alguns países do Oriente Médio, por exemplo. Por isso, e também pela própria linha que o ministro tem adotado, é missão das mais difíceis recolocar o país em uma linha de liberdade e independência, uma vez que a posição mais fácil é a rendição e a subsequente adesão ao poder global, relegando o país a mero vassalo. Esse cenário – que já se apresentou aqui em anos anteriores, quando o presidente Jair Bolsonaro e o Ministério das Relações Exteriores deram mais poder à sociedade brasileira no comando de instituições e na garantia da soberania – ameaça retornar, e o Brasil enfrentará pressões internacionais mais fortes do que nunca.

O Brasil precisa estar preparado do ponto de vista político, social e também no tocante à conscientização. É hora de defender a pátria brasileira, de traçar um risco na areia, estabelecer limites ao afirmar que tal linha não pode ser ultrapassada, por mais que as relações sejam amigáveis com quase todos os países, pois há dentro deles governos de pauta única que podem se contrapor ao governo brasileiro e aos interesses da sociedade brasileira. Trata-se de um horizonte que oferece, ao mesmo tempo, desafio e dificuldade a serem enfrentados. Entretanto, e essa é uma visão pessoal, a sociedade brasileira está mais consciente e tem um canal direto com o presidente e, desse modo, informação em primeira mão, o que não acontece nos demais países – americanos e europeus em geral não têm noção das reais ações do governo brasileiro e são alimentados com mentiras para justificar interferências daqueles que têm interesse no Brasil e, assim, obter um controle ainda maior, baseados em falsas narrativas. Acredito que tal desafio vá além de 2021 e se estenda pelos próximos anos. Por isso, amigos, Deus abençoe o Brasil para encarar o desafio à frente.

Caminhos para a independência

Depois da eleição de Joe Biden, o mundo irá mudar, e as nações que quiserem manter sua soberania terão de rever suas estratégias. Os Estados Unidos, como força globalista, pode acelerar o processo de estabelecer uma hegemonia mundial de proposta singular. Na verdade, os EUA eram o único país capaz de, sozinho, combater as forças do globalismo; agora que muda de lado, no entanto, será talvez seu maior propulsor. Países menores terão menos chances de negociar e se contrapor às pautas que as forças globalistas querem impor: políticas de imigração, ambientais, industriais, trabalhistas, de gênero, de raça etc.

Mesmo que esses países menores busquem ser parte de um bloco regional, suas submissões são inevitáveis: lembremos que blocos regionais como o Mercosul surgiram com a missão primária de promover livre comércio e secundária de criar poder de barganha contra blocos maiores, mas logo se tornaram instrumentos de controle e de alinhamento às pautas e aos interesses dos grupos maiores.

Mas e o Brasil? Geopoliticamente falando, nosso país é uma potência média, com expectativa de influência regional, mas não a exerce. Olhando da perspectiva dos pilares de competitividade global, que são Terra, Trabalho e Capital, vemos que o Brasil se destaca nos dois primeiros e é deficiente no terceiro.

Terra: temos extensão territorial, recursos naturais, vasta área agricultável, vários centros urbanos, polos econômicos diversificados, portos e relativa proximidade aos grandes mercados. Portanto estamos muito bem nesse quesito; somos um país continental, habitável e rico.

Trabalho: nesse cômputo, temos forças trabalhadora e consumidora que geram produtos e serviços abundantes, capazes de suprir nossas necessidades internas sem gerar dependência externa. Temos trabalhadores qualificados de padrão internacional em todos setores da economia. Temos potencial de escala para multiplicar renda, gerar tributos e investimentos internos. A população brasileira ainda é relativamente jovem, apesar de vir registrando taxas de natalidade perigosamente baixas. Terra e trabalho aplicados geram o terceiro pilar: capital.

Capital: o Brasil é um grande gerador de poupança interna e de tributos. Ele exporta mais do que importa com os frutos da sua força trabalhadora e de sua terra, além de ter um amplo e diversificado mercado interno produtor e consumidor. No entanto, o aspecto do capital que é falho não é na geração, mas sim a alocação. Nos últimos cem anos, o Brasil aplicou mal o capital gerado: investimos em políticas e programas permanentes de bem-estar social que produziram resultados questionáveis frente ao custo sempre crescente e instabilidade financeira e fiscal que geraram ao longo desses anos.

O capital bem gerido é investido em setores estratégicos que eliminam gargalos ou deficiências geográficas. No nosso caso não houve prioridade de investimento em segurança, tecnologia e infraestrutura para manter o país competitivo.

Todo país desenvolvido tem séculos de patrimônio investido em infraestrutura e em reduzir suas fraquezas geopolíticas. São esses investimentos que garantem mais geração de capital. Alguns argumentam que saúde e educação também são itens estratégicos para capacitar a força de trabalho. Sim, mas nossos modelos de educação e saúde têm graves problemas de desvios, de eficácia e de metas de atuação, o que os fazem parecer um gasto, em vez de um investimento.

No caso do Brasil, investimentos estratégicos têm sido colocados em segundo plano, a ponto de não coexistirem com os programas permanentes do Estado Social. Este, por sua vez, ampliou sua atuação e é sempre voraz por mais recursos, gerando gastos que não multiplicam o capital. Por isso estará fadado a sofrer constantes reformas.

O primeiro pilar para a independência é removermos os pilares do Estado Social como base da nossa Constituição. Temos de torná-los mais flexíveis, temporários e orientados por objetivos claros para deixarem de serem monolitos arcaicos de visões petrificadas de Estado do século xx, abrigo de interesses corporativistas. Sem tomar essa difícil decisão, fica quase impossível sair da conjuntura torpe que o Estado Social cria.

É essa má alocação de capital que causa a falta de capacitação estrutural para defender as seis fronteiras (terra, mar, ar, cibernética, aeroespacial e nuclear) e ampliar a logística e infraestrutura do país. Para esses projetos e investimentos, o Brasil tem dependido cada vez mais de parceiros e financiadores externos. Assim, gradativamente perdemos nossa competitividade e também nossa independência de ação.

É nesse retrato de fragilidade que o Brasil se encontra no século XXI. E por isso o segundo pilar para a independência é nossa estratégia de relações exteriores.

Lembremos que, nesse contexto em que não se gera capital o suficiente para sustentar nosso Estado Social e se perde a capacidade para investir em nossa defesa e infraestrutura, exercer hegemonia regional se torna uma ideia mais distante ainda. Não é de se espantar que o inverso acaba acontecendo: submissão aos interesses políticos e econômicos externos.

Durante o governo Trump houve uma breve abertura para renovar nossa esperança de reverter essa posição. O governo Trump renegociou duramente acordos comerciais como o Nafta e parcerias de apoio militar como a Otan. Apesar das falsas acusações na mídia, o governo Trump empreendeu uma estratégia de saída de blocos formados por acordos multilaterais e de não intervenção na soberania e na política de outros países. Essa postura foi muito contrária à estratégia intervencionista dos progressistas do Partido Democrata norte-americano até aquele momento e muito salutar para governos independentes que prezam por sua soberania.

O Brasil sinalizou positivamente para a adoção de acordos bilaterais e a junção de forças e interesses internacionais comuns com os Estados Unidos de forma bilateral. Tal junção não durou o suficiente para reverter nossa realidade internacional, mas foi o suficiente para nos enquadrar como alvo de ativismo para o atual governo Biden.

Imagine que agora Europa e América do Norte (Estados Unidos e Canadá) têm a mesma agenda internacional. Diante de uma renovada ameaça à nossa soberania, quais estratégias são possíveis? A meu ver, há três estratégias distintas, e para todas elas preciso fazer referência à história de alguns países da Ásia durante o século XIX:

A estratégia chinesa: negar o problema

A China, no século XIX, limitou o comércio e a entrada dos impérios europeus. Foram as duas guerras do ópio que forçaram a China a fazer enormes concessões assimétricas: Inglaterra, França, Rússia, Alemanha, Portugal e Estados Unidos impuseram suas vontades sem nenhuma obrigação ou contrapartida de sua parte. A China estava desarmada e despreparada para a realidade que forjou as grandes potências ocidentais e pagou o preço. Mas o governo, durante os primeiros cinquenta anos de domínio estrangeiro, praticamente negou o problema de violação de soberania. A negação da própria fragilidade perdurou até que o Japão se viu apto a entrar na farra, conquistando a Coreia e, anos depois, a Manchúria. Somente depois dessas grandes humilhações um movimento nacionalista chinês ganhou força, mas os chineses teriam que esperar mais meio século para se libertarem, ao custo de milhões de mortos.

A estratégia japonesa: abraçar o maior rival

No início do século XIX, o Japão ainda era uma nação feudal, fragmentada politicamente e fechada ao comércio com o Ocidente. No entanto sua rivalidade milenar com a China o mantinha sempre alerta. As guerras do ópio e a subsequente vassalagem da China às potências ocidentais foram gatilhos para um despertar. Internamente, líderes mais estrategistas promoveram um acordo comercial com o Império Britânico (o maior e mais organizado na época) para que este ajudasse o Japão a consolidar políticas internas e organizar um exército e marinha dignos de um novo império asiático. E foi o que aconteceu. Em poucas décadas o Japão se organizou e passou a invadir diversos países na região, inclusive a China, e se tornou um poder hegemônico regional.

A estratégia tailandesa: a neutralidade

Ante o domínio ocidental que rapidamente se alastrava na região no século XIX, sucessivos reis tailandeses mantiveram sua soberania negociando com todos os interessados. Ao invés de negar a entrada dos interessados, como fez a China, ou de escolher um "malvado favorito", como fez o Japão, os reis negociaram as mesmas condições com ingleses e seus maiores rivais, os franceses. Para tal efeito é necessário saber exatamente o que interessa ao seu país e o que é possível fazer para agradar ao país interessado antes de sentar para negociar. A sagacidade da Tailândia de participar do jogo global na época foi a chave para manter esse pequeno país, sem armamento para se defender, soberano com seu próprio governo.

Certamente o atual ministro das Relações Exteriores sabe dos desafios e quer agir para mudar o rumo do nosso barco na esfera internacional, mas ainda não realizou essa mudança. Certamente há outras estratégias cabíveis para análise, mas acredito que essas que descrevi cobrem a amplitude delas mesmo que de forma análoga.

Se tivermos que usar os três aprendizados da Ásia no século XIX como referência, diria que o Brasil atualmente conduz sua estratégia internacional escondendo e negando o problema, como a China. Se houver um despertar para os riscos que isso acarreta, o Brasil terá de optar entre a estratégia do Japão ou da Tailândia do século XIX se quiser garantir sua independência.

Em suma, temos um problema interno de Estado Social cujos custos permanentes crescentes nos tornam fracos e dependentes. Uma estratégia de relações exteriores pode nos poupar por algum tempo, até corrigimos essa deficiência, mas as ameaças renovadas que logo virão exigirão respostas de nossos governantes.

Se estivermos conscientes dos nossos problemas e resolutos em resolvê-los, os próximos capítulos da nossa história serão os melhores.

Esta obra foi composta na família tipográfica FreightMacro Pro e Helvetica Neue LT Std, capa em papel-cartão 250 g/m² e miolo em papel Offset 75 g/m² e impresso pela gráfica Viena.